rowohlt

JIM HOLT

KENNEN SIE DEN SCHON?

Geschichte und Philosophie des Witzes

Aus dem Englischen von Martin Hielscher

ROWOHLT

Die amerikanische Originalausgabe
erschien 2008 unter dem Titel
Stop Me If You've Heard This: A History and Philosophy of Jokes
bei Liveright Publishing Corporation,
A Division of W. W. Norton & Company, New York.

1. Auflage Oktober 2015

Umschlaggestaltung ANZINGER/WÜSCHNER/RASP, München
Satz aus der Arno Pro bei Dörlemann Satz, Lemförde
Druck und Bindung CPI books GmbH, Leck, Germany
ISBN 978 3 498 02837 4

*Für Inigo Thomas, den Meister
des Unsinns und einen manchmal
zuverlässigen Freund*

«Kennen Sie den schon?»

Haec enim ridentur vel sola vel maxime quae notant
et designant turpitudinem aliquam non turpiter

Denn man lacht am meisten über diese Äußerungen,
welche irgendetwas Schimpfliches auf nicht schimpfliche
Art an den Pranger stellen und ans Licht bringen

Cicero

INHALT

VORWORT

Vor einigen Jahren bat mich der *New Yorker,* für eine Sonderausgabe der Zeitschrift zum Thema «Humor» eine Geschichte des Witzes und der Witz-Sammlungen zu schreiben. Ich nahm den Auftrag dankend an in der Hoffnung, den Text ganz der edlen Tradition des pseudogelehrten Journalismus gemäß aus einer bereits vorhandenen Darstellung zusammenklauben zu können, die ich ganz sicher in den Katakomben irgendeiner Bibliothek finden würde. Zu meinem Schrecken stellte ich fest, dass ein solches Werk überhaupt nicht existierte; die Wissenschaft hatte diesen zentralen Bereich der Kultur unerklärlicherweise vernachlässigt. Also musste ich die Geschichte des Witzes wohl oder übel selbst schreiben. Tatsächlich gelang es mir, mich dieser lästigen Pflicht, die sich in etwa so anfühlte, wie auf Knopfdruck eine Doktorarbeit zu verfassen, erfolgreich zu entledigen, und der Beitrag – der den Anstoß zu dem vorliegenden Buch gab – erschien wie vorgesehen im *New Yorker.* Ich häufte in diesem Zusammenhang Unmengen von literarischen, psychologischen und philosophischen Abhandlungen über Witze an, darunter viele äußerst fragwürdige Exemplare. (Einige von ihnen sind dermaßen widerlich und geschmacklos, dass man sich zu Recht fragen kann, ob sie überhaupt gedruckt werden sollten; ich habe sie nur ihrer anthropologischen Bedeutung wegen einbezogen und hege in keiner Weise die Erwartung – geschweige denn die Absicht –, dass sie als witzig daherkommen.) Hier ist sie also, die Summe meiner Bemühungen. Manche Leser werden das Ergebnis dürftig finden, aber für mich ist es schon viel von noch viel mehr, und das ist mehr als genug.

DANKSAGUNG

Ich möchte mich bedanken bei Susan Davis, Larissa MacFarquhar, Tim Farrington, Leo Carey, Henry Finder, Robert Silvers (der so gütig war, das Manuskript zu lesen, obwohl ihm der Stoff vollkommen gegen den Strich geht), Jared Hohlt, Christopher Turner, Richard Wilbur, Chris Calhoun, Jimmy O'Higgins, Bob Weil, Hélène Dantoine, Christopher Hitchens, Lucas Wittmann, Carol Blue, Jon McMillan und Leon Wieseltier, die alle auf die eine oder andere Weise eine Hilfe waren. Und bei Ted Cohen stehe ich tief in der Schuld für seine Taxifahrer- und Eretz-Gimel-Witze.

TEIL EINS

GESCHICHTE

Als ich vor ein paar Jahren in einem verstaubten Antiquariat in Maine herumstöberte, stieß ich auf ein merkwürdiges Buch. Es war ein voluminöses, zerfleddertes Taschenbuch mit dem Titel *Der unanständige Witz. Theorie und Praxis.* Sein Autor, wie ich auf dem futuristischen Sechziger-Jahre-Cover lesen konnte, hieß G. Legman. Als ich es vom Regal nahm und die ziemlich vergilbten Seiten durchblätterte, sah ich, dass es offenbar Tausende erotische und skatologische Witze enthielt, in Rubriken wie «Beischlafstellungen», «Phallische Prahlerei» und «Zoophilie» geordnet. Die Witze waren mit freudianisch anmutenden Kommentaren versehen, und hier und da wurden kritische Bemerkungen über Aspekte des gesellschaftlichen Lebens in den Sechzigern eingestreut, wie etwa Postleitzahlen, Hippies, fluchende Frauen und Marshall McLuhan. Der verblüffendste Aspekt an diesem umfangreichen Werk war jedoch der obskure Wissensschatz des Autors, wie man diesen Sätzen aus der Einleitung entnehmen kann:

> «Besondere Aufmerksamkeit verdienen vier seltene Werke, die neugriechische, arabische und andere erotische Erzählungen und Narrenschwänke

> aus dem Nahen Osten bringen: ‹La Fleur Lascive Orientale› (‹Oxford› [Brüssel: Gay & Mlle. Doucé], 1882), anonym übersetzt aus den Originalen von J.-A. Decourdemanche – ‹Contes Licencieux de Constantinople et de l'Asie Mineure› (von dem es eine noch seltenere englische Rückübersetzung gibt (‹Athen› [Sheffield: Leonard Smithers], 1893), vor 1893 von Prof. Jean Nicolaidès gesammelt und nach seinem plötzlichen, geheimnisvollen Ableben als erster Band einer die ‹Kryptádia› nachahmenden Serie veröffentlicht: ‹Contributions au Folklore Erotique› (Kleinbronn & Paris: G. Ficker [!], 1906–09, 4 Bände) – und vor allem zwei moderne französische Volksbücher, das eine mit dem Titel ‹Histoires Arabes› (Paris: A. Quignon, 1927), zugeschrieben dem unverhohlenen Pseudonym ‹Khati Cheghlou›, das andere die Fortsetzung oder Ergänzung: ‹Les Meilleurs Histories Coloniales› (um 1935).»

Die abstrusen Namen (G. Ficker, Khati Cheghlou) und der schrullige, gelehrsame Ton waren auffällig, und ich fragte mich allmählich, ob es sich hier vielleicht um einen wüsten Nabokov'schen Scherz handelte. Zweifellos war «G. Legman» ebenfalls ein Pseudonym – sowohl die Initiale (G-Punkt?) als auch der Nachname (das Gegenteil von Tit-Man?)

klangen verdächtig. Aber einige Monate später, am Ende des Winters 1999, las ich in den Traueranzeigen der *New York Times*, dass Gershon Legman, ein «autodidaktischer Gelehrter des unanständigen Witzes», im Alter von einundachtzig Jahren in Südfrankreich gestorben war, wo der gebürtige US-Amerikaner in einer Art freiwilligem Exil gelebt hatte.

Der Bezeichnung «autodidaktischer Gelehrter unanständiger Witze» mag womöglich auch etwas Scherzhaftes anhaften. Ist dies wirklich ein Wissensgebiet, auf dem Forschung angemessen oder nützlich ist? Gut, Witze gehören in den Bereich der Folklore, zusammen mit Mythen, Sprichwörtern, Legenden, Kinderreimen, Rätseln und Aberglauben. Und ein ganz erheblicher Prozentsatz der Witze, die man sich so erzählt, hat mit Sex und den körperlichen Ausscheidungen zu tun. (Eine Analyse von 13 804 Witzen, die 1963 in New York zirkulierten, brachte an den Tag, dass 17 % von Sex und 11 % von «Negern» handelten.) Wenn die Geschichte der Folklore den Anspruch erhebt, eine Geschichte der menschlichen Vorstellungen zu sein, wie einige ihrer Vertreter behaupten, dann muss sich jemand die Mühe machen und obszöne, eklige und blasphemische Witze sammeln, aufzeichnen und in den Druck befördern.

Wir neigen dazu, den Witz als eine kulturelle

Konstante zu betrachten, doch er ist eine Spielart des Humors, die mit dem Aufstieg und Fall von Zivilisationen einhergeht. Was den Witz von einer bloß humoristischen Erzählung unterscheidet, ist, dass er in einer Pointe gipfelt – einem kleinen verbalen Feuerwerk, das von einem plötzlichen Bedeutungswandel in Gang gesetzt wird.

Anders als eine Erzählung will ein Witz kurz sein. Wie es bei Freud heißt, sagt der Witz, was er sagt, nicht immer in wenig, aber immer in *zu* wenig Worten. Natürlich gibt es auch längere Witzformate wie den sogenannten «langatmigen» oder «surrealistischen Witz», bei dem Abschweifungen und Ausschmückungen die Pointe geradezu qualvoll hinauszögern. Aber der klassische Witz schreitet pfeilschnell voran und löst seine Aufgabe in Form eines Zweizeilers *(Habt ihr von dem bulimischen Junggesellenabschied gehört? Die Torte sprang aus dem Mädchen)* oder gar eines Einzeilers *(Als ich geboren wurde, war ich so hässlich, dass der Arzt meiner Mutter eine gelangt hat)*. Oft wird er schon durch den formalisierten Auftakt angekündigt, der dann sogar selbst zum Gegenstand eines Meta-Witzes werden kann *(Ein katholischer Priester, ein Rabbi und ein evangelischer Pfarrer kommen in eine Bar. Sagt der Barkeeper: «Was soll das werden? Ein Witz?»)*.

Palamedes.

Einer der griechischen Helden des Trojanischen Krieges, dem nachgesagt wird, er habe den Witz erfunden – außerdem die Zahlen, Schach, das Alphabet und den Leuchtturm, zusammen mit Frühstück, Mittagessen und Abendbrot. Er wurde schließlich gesteinigt.

Manchmal wird behauptet, der Witz sei von Palamedes erfunden worden, dem Helden aus der griechischen Mythologie, der Odysseus am Vorabend des Trojanischen Krieges überlistet haben soll. Aber da dieser geradezu geniale Geselle auch die Zahlen, das Alphabet, Leuchttürme, das Brettspiel und die Einhaltung täglicher Mahlzeiten erfunden haben soll, sollte man diese Behauptung vielleicht mit einer gewissen Vorsicht genießen. Im Athen des Demosthenes gab es einen Club der Komödianten, die Gruppe der Sechzig, die sich im Tempel des Herakles traf, um humorvolle Sprüche auszutauschen, und es heißt, Philipp von Makedonien habe eine ordentliche Summe dafür bereitgestellt, diese Witze aufschreiben zu lassen; doch sollte dieser Band je existiert haben, so ist er inzwischen verlorengegangen. Auf römischer Seite verweist Plautus in einer Reihe seiner Stücke auf Witzsammlungen, während uns Sueton berichtet, dass Melissos, ein Lieblingslehrer von Kaiser Augustus, nicht weniger als 150 solcher Sammlungen kompiliert haben soll. Dennoch ist nur eine einzige Witzsammlung aus der Antike erhalten geblieben: der *Philogelos* oder «Lachfreund», eine Sammlung in griechischer Sprache, die wahrscheinlich im vierten oder fünften Jahrhundert n. Chr. zusammenge-

Philipp II. von Makedonien (382–336 v. Chr.).
Er zahlte kräftig, um die erste Witzsammlung kompilieren zu lassen, aber, ach, sie ist verloren.

stellt worden ist. Sie enthält 265 Witze, von denen einige in leicht abgewandelter Form zweimal auftauchen. Dies legt nahe, dass das Werk nicht aus einer, sondern aus zwei kombinierten Witzsammlungen besteht, eine Einschätzung, die noch dadurch bekräftigt wird, dass die Sammlung zwei Autoren zugeschrieben wird, Hierokles und Philagrios, auch wenn geteilte Autorschaft zu jener Zeit selten war. Es ist praktisch nichts über die beiden bekannt. Unter den Gelehrten gibt es Spekulationen, dass besagter Hierokles identisch mit einem Philosophen gleichen Namens aus Alexandria sei, der in der ersten Hälfte des 5. Jahrhunderts lebte. Er wurde einst in Konstantinopel wegen Heidentums öffentlich ausgepeitscht, was ihn, wie es ein Althistoriker ausdrückte, «in puncto Galgenhumor auf den Geschmack gebracht haben könnte».

Die Witze im *Philogelos* sind sparsam und pointiert. («Wie soll ich dich scheren?», fragt ein geschwätziger Barbier einen Witzbold. «Schweigend!») Sie behandeln eine ganze Palette von Stereotypen: den Trunksüchtigen, den Geizhals, den Feigling, die sexuell ausgehungerte Frau, «Stinker» sowie den in antiken Zeiten bekannten *Scholastikos*, was wahlweise als «Pedant», «zerstreuter Professor», «Eierkopf» oder «Kalmäuser» (Stubenhocker) übersetzt wird. («Ein Kalmäuser geriet auf einer Seefahrt in einen starken Sturm. Als seine Sklaven jammerten, sagte er: ‹Weint nicht! Ich lasse euch nämlich alle in meinem Testament frei.›»)

Einige der Witze aus dem *Philogelos* wirken inzwischen eher rätselhaft als komisch, vielleicht weil der Subtext verlorengegangen ist. Eine Reihe von Witzen über Salat zum Beispiel war für das römische Publikum womöglich zum Schreien komisch, weil es glaubte, dass Salatblätter die Potenz entweder stärkten oder schwächten, je nachdem. Ähnlich mag Folgendes einem antiken Publikum zweideutig erschienen sein: «Ein Kalmäuser fragte seinen Vater: Wie viel fasst ein Fünfliterkrug?» Einige Gelehrte meinen nämlich, dass das griechische Wort für «Krug» – *Lekythos* – bei Aristophanes ein salopper Ausdruck für «Penis» sei.

Andere Witze hingegen, wie etwa die Nr. 263 (aus Plutarch entnommen), wären auch an einem Abend im Friars Club nicht fehl am Platz: «‹Ich habe deine Frau umsonst gehabt›, zischte jemand einem Witzbold zu. ‹Ich bin freilich gezwungen, dieses große Übel zu ertragen. Du aber – wer zwingt dich?›, antwortete dieser.» Der Witz aus dem *Philogelos*, der einem allerdings am meisten nachgeht, ist die Nr. 114, über einen Einwohner von Abdera, einer griechischen Stadt, deren Bewohner für ihre Dummheit bekannt waren: «Als er einen Eunu-

Lekythos.

Ein griechischer Krug, in dem Olivenöl aufbewahrt wird; er war unerklärlicherweise für das Publikum der Antike ein Gegenstand größter Komik, ebenso wie Salat.

chen sah, fragte ihn ein Abderit, wie viele Kinder er hätte. Der Eunuch antwortete, er habe keine, da er keine Hoden habe. Darauf antwortete der Abderit ...» Der Rest fehlt im überlieferten Text, was uns die seltsame Wirkmacht fehlender Pointen demonstriert.

Während des dunklen Zeitalters geriet der *Philogelos* in Vergessenheit und mit ihm, so schien es, auch die Kunst des Witzes. Raffinierter Humor wurde weiterhin in der arabischen Welt gepflegt, wo man die etwas gemächlichere Volkserzählung kultivierte. Während der Jahrhunderte der arabischen Eroberungen fanden Märchen und Legenden aus der Levante, viele davon Satiren oder erotische Geschichten, ihren Weg nach Spanien und Italien. Die arabische Geschichte über eine Frau, die sich mit ihrem Liebhaber vergnügt, während ihr gehörnter Ehemann verständnislos von einem Baum aus zusieht, taucht zum Beispiel später in Boccaccios *Decamerone* wieder auf. Als das Volksmärchen einmal in Europa angelangt war, spaltete es sich in zwei Gattungen auf. Auf der einen Seite wurde es durch die Erfindung des Buchdrucks und die zunehmende Alphabetisierung länger, dehnte sich zur Rittersage und schließlich zum Roman aus. Auf der anderen Seite wurde es, während sich der Rhythmus des städtischen Lebens beschleunigte, in seiner mündlichen Gestalt kürzer, sparsamer in den Details und zunehmend formalisiert, bis es schließlich zur humoristischen Anekdote verdichtet wurde. In der Frührenaissance wurde die Kunst des Witzes dann wiedergeboren, und die Hebamme war ein Mann namens Poggio.

Poggio Bracciolini (1380–1459) war einer der schillerndsten und wandlungsfähigsten italienischen Humanisten. Im Laufe eines halben Jahrhunderts arbeitete er als apostolischer Sekretär für acht Päpste und zeugte vierzehn Kinder mit einer Geliebten, bevor er im Alter von fünfundfünfzig Jahren eine wunderschöne Achtzehnjährige heiratete, die ihm noch weitere sechs Kinder gebar. Seine Karriere fiel mit einer besonders turbulenten Phase der Kirchengeschichte zusammen. Während der jahrzehntelangen Spaltung, die man als Großes Abendländisches Schisma bezeichnet, gab es zwei, zeitweilig sogar drei konkurrierende Päpste, und Konzile mussten einberufen werden, um die Einheit der Kirche wiederherzustellen. Poggio war ein leidenschaftlicher Bibliophiler und profitierte von

Poggio Bracciolini.

Päpstlicher Sekretär und Humanist der Renaissance, er betrieb die «Lügenschmiede» im Vatikan, wenn er nicht gerade Kinder mit einer seiner zahllosen Geliebten zeugte.

dem bestehenden Chaos, indem er auf der Suche nach verlorenen Werken der antiken Literatur durch ganz Europa reiste. Aus den Verliesen abgelegener mittelalterlicher Klöster rettete er wertvolle Manuskripte, die sonst im Dunkel völliger Vergessenheit verrottet wären, um sie anschließend mühevoll zu entziffern und zu kopieren. Wir verdanken ihm Lukrez' *De Rerum Natura* und Quintilians *Institutio Oratoria* sowie viele der Reden Ciceros, die architektonischen Schriften des Vitruvius und das Kochbuch des Apicius.

Poggio war nicht bloß der größte Büchersammler seiner Zeit, sondern schwang auch eine ihrer spitzesten Federn, wobei er besonders gern die Laster der Geistlichen aufs Korn nahm oder konkurrierende Gelehrte mit seinem Cicero-Latein niedermachte. «Er entwickelte bei seinen Schmähungen eine solche Vehemenz, dass die ganze Welt Angst vor ihm hatte», bemerkte ein Zeitgenosse. Poggio, der auch ein beachtlicher Kalligraph war, erfand den Prototyp der Antiqua-Schriften. Nach seinem Abschied von der Kurie wurde er Leiter der florentinischen Kanzlei unter den Medici (bekleidete also das höchste Amt in der Bürokratie der Republik) und zugleich zum Chronisten der Stadt. Und doch, trotz all seiner Verdienste, blieb Poggio vor allem wegen eines Witzbuchs im Gedächtnis.

Das *Liber Facetiarum,* üblicherweise bloß *Facetiae* (Facezien) genannt, war das erste Buch dieses Typus, das in Europa publiziert wurde. Studiert man die 273 Beispiele – Scherze, Bonmots, Wortspiele und humorvolle Anekdoten –, kann man sehen, wie sich die ausführliche arabisch-italienische *Novella* in die zugespitzte *Facezia* verwandelt. Einen Teil seines Materials hatte Poggio während seiner Reisen durch Europa gesammelt; manche der Scherze kann man zu Erzählungen zurückverfolgen, die provenzalische Barden im zwölften und dreizehnten Jahrhundert verbreiteten. Aber vieles stammte auch aus einer Art Witz-Club des Vatikans, der den Namen «Bugiale» trug – die «Lügenschmiede». Hier versammelten sich die päpstlichen Schreiber am Ende eines mühevollen Tages, den sie mit dem Verfassen von Bullen, Dispensierungen und Enzykliken verbracht hatten, um zu plaudern und sich Skandalgeschichten zu erzählen.

Poggio veröffentlichte seine *Facetiae* im Jahr 1451, im Alter von siebzig Jahren. Bald las man das Buch in ganz Europa. Obwohl viele der Witze von Sex handelten und sich über die Moral von Kirchenmännern lustig machten, hörte man aus dem Vatikan nicht ein Wort der Verurteilung. Vermutlich konnten die *Facetiae,* weil sie auf Latein verfasst waren, von der geistlichen Klasse mit Genuss gelesen werden, ohne dass man Sorge tragen musste, dass die Moral der Massen davon untergraben werden könnte. Spätere Leser waren allerdings nicht so tolerant. Reverend William Shepherd, der Verfasser der einzigen englischen Poggio-Biographie, brachte 1802 sein Entsetzen darüber zum Ausdruck, dass «ein apostolischer Sekretär, der die Freundschaft und die Wertschätzung des Papstes genoss, ausgerechnet eine Sammlung von Geschichten veröffentlichte, die unser sittliches Empfinden zutiefst verletzen und die Tugend erröten lassen».

Heutzutage sind Exemplare der *Facezien* nur noch schwer aufzutreiben. Das einzige, was ich in der Bibliothek der New York University finden konnte, war das fotokopierte Faksimile einer Ausgabe von 1878 aus Paris, der ersten unzensierten Übersetzung von Poggios Buch ins Französische (und selbst damals wurden die wirklich derben Stellen auf Latein belassen). Beim Lesen stellte ich überrascht fest, wie vertraut mir die Themen vorkamen. Es gibt Witze über Dickleibige, über Trunksüchtige, über Erektionen und über Fürze. Ein Witz über jemanden, der dazu überlistet wird, Urin zu trinken, wäre in einem Film wie *American Pie* keineswegs fehl am Platz. In Nr. XLVII der

Facezien fragt ein Mann seine Frau, warum es meistens die Männer seien, die den Frauen nachliefen, als umgekehrt, wenn doch die Wollust im geschlechtlichen Verkehr bei Mann und Weib gleich groß sei. «Es ist eine sehr weise Einrichtung», sagt die Frau. «Es steht nämlich fest, dass wir Frauen immer bereit und fertig zum Beischlaf sind, ihr Männer dagegen nicht. Die Männer würden daher vergeblich von uns aufgefordert werden, wenn sie dazu gerade nicht in der Lage wären.» Wie das bei Witzen manchmal so ist, ist der hier nicht gerade zwerchfellerschütternd, aber erstaunlicherweise taucht dessen exakte Umkehrung in der amerikanischen Fernsehserie *Lass es, Larry!* auf, als Cheryl, die mit ihrem Mann Larry im Bett liegt, fragt, warum immer sie diejenige sein muss, die die Initiative ergreift. Weil wir Männer immer können, antwortet er – du musst mir bloß auf die Schulter klopfen, wenn du so weit bist!

Aus heutiger Sicht sind die *Facetiae* ausnahmslos zu lang, und Poggio hat die bedauerliche Neigung, die Pointe durch eine Erklärung vorwegzunehmen, wie etwa in *Facetiae* Nr. XXVI: «Der Abt von Settimo, ein dicker Mann mit einem starken Bauch, begab sich eines Abends nach Florenz und fragte unterwegs einen Bauern: ‹Was meinst du, komme ich durchs Tor?› Er wollte damit sagen, ob er noch vor Toresschluss in die Stadt käme. Der Bauer aber antwortete mit scherzhafter Anspielung auf den Umfang des Abtes: ‹Wenn ein Heuwagen durchs Tor kommt, wie viel mehr Ihr!›» In Nr. XLIV schließt ein Klosterbruder seine Predigt gegen Ehebruch mit den Worten: «Der Ehebruch ist eine so schwere Sünde, dass ich lieber bei zehn Jungfrauen liegen würde als bei einer einzigen verheirateten Frau» – woraufhin Poggio ergänzt: «Viele, die zugegen waren, würden dieselbe Wahl getroffen haben.» Manchmal wird auch anstelle einer Pointe die Moral der Geschichte serviert. In Nr. CXXXVII hebt eine Frau mit kahlgeschorenem Kopf, die gescholten wird, weil sie in der Öffentlichkeit ihren Kopf nicht bedeckt, ihren Rock, um den Schädel zu verhüllen, und präsentiert eben dadurch ihr nacktes Hinterteil. «Dies ist auf jene gemünzt, die, um ein kleines Vergehen zu verbergen, ein schwereres begehen», informiert uns Poggio. Die Scherze über «Weiber» drehen sich allzu oft um das immer gleiche Thema, dass all ihre Unpässlichkeiten auf einen unstillbaren Sextrieb zurückzuführen seien. Die *Facetiae* sind überhaupt häufig gar nicht so komisch, zumindest wenn man von der vermutlich verkicherten Stimmung im Bugiale abstrahiert und das Ganze in kalten Druckbuchstaben vor sich hat. Und doch schuf Poggio durch die Zusammenstellung und die Publikation den Präzedenzfall für eine Menge späte-

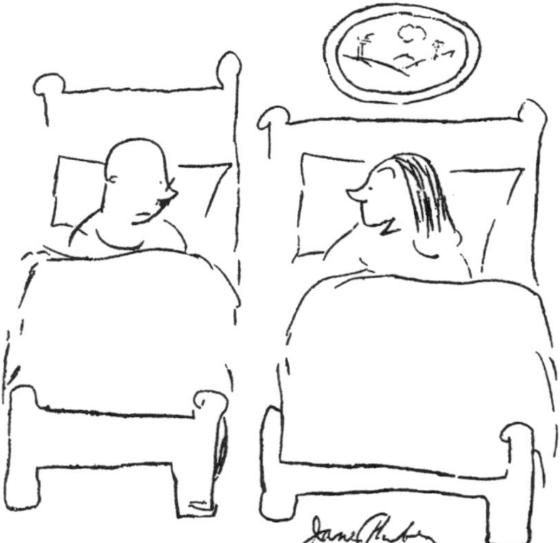

In der Renaissance glaubte man, dass Krankheiten daraus resultieren, dass man nicht genug Sex hat. Ist das komisch?

rer Witzsammlungen, von denen die meisten seine *Facezien* allerdings schamlos ausplünderten.

William Caxton, der erste Buchdrucker Englands, polsterte seine eigene Äsop-Übersetzung von 1484 mit einer Auswahl von Poggios Witzen auf und schuf so das älteste englische Witzbuch. Zu Zeiten Shakespeares waren Scherzbücher dann bereits ausgesprochen populär. «Ich nehme meine besten Witze aus den ‹Hundert lustigen Erzählungen› her», erklärt die scharfzüngige Beatrice in *Viel Lärm um Nichts* und bezieht sich dabei auf eine damals beliebte Sammlung. Viele der Beispiele in diesen Witzbüchern der Tudor- und Elisabethanischen Zeit sind auf schlichte Weise skatologisch. Ein Beispiel: «Welches ist das sauberste unter allen Blütenblättern? Das der Stechpalme, denn niemand wird sich damit den Arsch abwischen.» Viele andere sind eigentlich gar keine Witze. Statt auf eine Pointe zuzustreben, beschreiben sie bloß irgendeinen Streich, den für gewöhnlich eine Frau ihrem Mann spielt, oder sie illustrieren moralisches Verhalten. (Geistliche lockerten häufig ihre Predigten mit Witzen auf, um zu verhindern, dass ihre Gemeinde beim Zuhören einschlief.)

Ein weiterer Anstoß war vonnöten, um zu Ende

Beatrice.

Die scharfzüngige Komödiantin aus Shakespeares Viel Lärm um Nichts, *die ihre besten Sprüche aus einer Sammlung humoristischer Geschichten klaute.*

zu führen, was Poggio begonnen hatte: die Verwandlung der bloß humoristischen Anekdote in den Witz. Es geschah zu Beginn des siebzehnten Jahrhunderts, als – möglicherweise aufgrund einer Verwechslung mit einem anderen antiken Schriftsteller namens Hierokles – achtundzwanzig Witze aus dem *Philogelos* einer Ausgabe seines *Kommentars zu den Goldenen Versen des Pythagoras* beigefügt wurden. Bald zirkulierten diese Witze auf Papier gedruckt in ganz Europa.

Dank der Popularität der wiederentdeckten Witze aus dem *Philogelos* wurde der englische Humor knapper und pointierter – anders gesagt: witziger. Diese Veränderung kommt in *Joe Miller's Jests* zum Vorschein, der anhaltend populärsten Witzesammlung einer neuen Generation, deren Blütezeit im Georgianischen Zeitalter anbrach. (Der namengebende Joe Miller war, wie sich herausstellte, ein notorisch missmutiger Schauspieler aus London; ein Jahr nach dessen Tod wurde diese Sammlung von einem Schreiberling zusammengestellt. Zweifellos war der Titel als Scherz gemeint.) Der Erstausgabe von 1739 folgten so viele Auflagen, dass am Ende ein «Joe Miller» gleichbedeutend mit einem müden Witz geworden war.

Die Originalausgabe von *Joe Miller's Jests* enthielt eine ganze Bandbreite von Witzen: über die wirre

Joe Miller (1684–1738).

Der Name dieses notorisch düsteren englischen Schauspielers wurde zum Synonym für einen müden Witz.

Logik der Iren und schlechten Atem («Eine Dame, die gefragt wird, wie ihr der Gesang eines Herrn gefällt, dessen Atem regelrecht *stinkt*, sagt, die Worte hätten ihr gefallen, jedoch die *Air* sei grauenvoll») bis hin zu derben Wortspielen mit dem Ausdruck «Schwanz» und Zoten auf Kosten leichter Mädchen («Ein Herr sagte von einem jungen Flittchen, das dauernd das Bethaus aufsuchte, dass sie, wüsste sie so viel Finten, wie ihr Hintern sie ausübte, sicher einer der besten Anwälte Englands wäre»). Die zotigen Anteile überstanden die nachfolgende Welle der Prüderie in der angelsächsischen Kultur allerdings nicht. Anfang des neunzehnten Jahrhunderts, in der Zeit, als Thomas Bowdler Shakespeare von allen Unanständigkeiten bereinigte, wurden auch die Witzbücher gesäubert. Von Poggio hätte kaum etwas den Weg in die zensierten Humorspalten von Magazinen wie *Punch* gefunden. Aber der unanständige Witz überdauerte in der mündlichen Überlieferung, bis er in all seiner ekligen Pracht mit Hilfe von Gershon Legman 1960 wieder Eingang in die Welt des Gedruckten fand.

Legman, das sah ich in meiner zerschlissenen Ausgabe von *Der unanständige Witz*, hatte den Band mit einer Widmung versehen:

«Den *Manen* des Poggio Bracciolini, der Bücher, den Humor des Volkes und die Frauen liebte.» Verspürte er eine tiefe Seelenverwandtschaft mit dem schelmischen italienischen Humanisten? Als ich in den literarischen Kreisen New Yorks den Namen Legman erwähnte, erzählten mir Leute, denen er ein Begriff war – er schien eine treue Fangemeinde hinterlassen zu haben – die sonderbarsten Dinge: dass er der Erfinder des Sechziger-Jahre-Slogans *Make Love, Not War* gewesen sei, dass er eine Affäre mit Anaïs Nin gehabt und sie beauftragt habe, für einen reichen «Sammler» aus Oklahoma pornographische Texte für einen Dollar pro Seite zu schreiben; dass er hinter der Erfindung des Vibrators gesteckt und Origami im Westen eingeführt habe, dass er der Herausgeber einer schrulligen psychoanalytischen Vierteljahresschrift namens *Neurotica* gewesen sei, dass er die Vereinigten Staaten verlassen habe, um sich staatlicher Verfolgung zu entziehen, und in einem Bergstädtchen an der französischen Riviera Zuflucht gefunden habe, wo er in einem heruntergekommenen Schlösschen, das einst den Tempelrittern gehört habe, von der Hand in den Mund lebe.

Bei genaueren Nachforschungen stellte sich das meiste davon als zumindest teilweise wahr heraus. (Was den Dildo und *Make Love, Not War* anbelangt, müssen wir uns an Legmans eigene Worte halten, der behauptet, den Slogan bei einer Vorlesung an der Ohio University 1963 eingeführt zu haben.) Legman wurde 1917 in eine jüdische Familie in der Kohle-Region von Pennsylvania geboren. Früh begann er, Witze zu sammeln, schnitt sie aus Zeitschriften aus und ordnete sie nach Themen. Nach der Highschool ging er nach New York, wo er sich mehrere Sprachen selbst beibrachte; seine Universität, sagte er, sei die New York Public Library gewesen. Mit dreiundzwanzig Jahren veröffentlichte er sein erstes Buch *Oragenitalism* unter dem Pseudonym Roger-Maxe de la Glannège (ein Anagramm seines Geburtsnamens George Alexander Legman). Es trug den Untertitel «Ein enzyklopädischer Überblick über orale Techniken zur genitalen Erregung, Teil I, Cunnilingus». (Später erklärte Legman, es habe ihm an Mut gefehlt, die nötige Recherche über Fellatio zu betreiben.) Zu der Zeit hielt man die Niederschrift einer Abhandlung über Oralsex für ebenso gefährlich wie Volksverhetzung. Als die Büroräume seines Verlegers durchsucht wurden, floh Legman für kurze Zeit aus dem Bundesstaat. Nach seiner Rückkehr nach New York suchte er für den Sexualwissenschaftler Alfred Kinsey nach erotischer Literatur und trieb sich in den anrüchigen Randbezirken der literarischen Szene der Stadt herum, wo

Gershon Legman (1917–1999).

Dieser unermüdliche Enzyklopädist des unanständigen Witzes, ein Mann, den das FBI für gefährlich hielt, prägte den Slogan «Make Love, Not War», erfand den Vibrator und entdeckte Origami für den Westen.

es manchmal schwerfiel, Schmutzfinken von den Avantgarde-Verlegern von Joyce, Lawrence und Henry Miller zu unterscheiden.

Legman war allerdings mehr Moralist als Pornograph. Ende der vierziger Jahre schrieb er *Love and Death*, eine wütende Streitschrift, die die These aufstellt, dass Gewalt die eigentliche Pornographie sei. Warum, fragt er, soll man Kinder ständig Darstellungen gnadenloser Gewalt aussetzen, aber sie vor Darstellungen des Geschlechtsverkehrs schützen? «Sex ist zumindest normal», schrieb er. «Ist es Mord denn auch?» Legman brachte das Buch selbst heraus und verschickte Exemplare an Kunden von seinem kleinen Häuschen in der Bronx aus. Obwohl *Love and Death* eine Tirade gegen die Zensur ist und kein erotisches Werk, warf die amerikanische Postbehörde dem Autor-Verleger vor, «sittenwidriges, vulgäres und obszönes Schriftgut» mit der Post zu verschicken, und versagte ihm jeglichen weiteren Versand. Empört verließ Legman mit seiner Frau das Land und siedelte nach Frankreich über. Sie kauften ein kleines Stück Land an der Riviera mit einem Olivenhain und einem alten Gebäude (das tatsächlich an der Stätte einer ehemaligen Burg der Tempelritter lag), das zum Zufluchtsort für seine riesige Sammlung seltener Bücher und die Kästen mit Karteikarten wurde, auf denen er Limericks,

Witze und das, was er «Pissoir-Sprüche» nannte, notiert hatte.

Legman war ein gutaussehender Mann, 1,75 Meter groß (laut seiner FBI-Akte), hatte dichtes, dunkles Haar, blaue Augen und eine kräftige Nase. Wegen seiner chronischen Armut trug er gewöhnlich zerschlissene Kleidung und einen Strick als Gürtel. Freunde beschreiben ihn als reizbar und schwierig, aber auch als anregenden Zeitgenossen. Akademiker schreckte dieser Autodidakt aus der trüben Halbwelt ab, dessen weitschweifige Prosa voller beiläufiger Klagen steckte. Umgekehrt verabscheute Legman Volkskundler mit Doktortiteln, über deren «Pissertationen» er sich lustig machte und die er «Kakademiker» nannte. Da er ihnen dennoch freigebig Material zugänglich machte, das die akademischen Zeitschriften aus Angst nicht veröffentlichen wollten, half er dabei, den erotischen Volkshumor oder erotische Folklore als anerkannten Gegenstand wissenschaftlicher Forschung zu etablieren.

Sich durch Legmans umfangreiche Sammlung schmutziger Witze lesen zu müssen ist eine Form der Strafarbeit, so als wäre man auf der Herrentoilette einer Greyhound-Bushaltestelle in den fünfziger Jahren eingesperrt. Dabei sind die Witze in *Der unanständige Witz* das, was Legman als «zahmere» unanständige Witze bezeichnete, die er relativ unschuldig klingenden Themen wie «Die nervöse Braut», «Phallische Prahlerei» und «Wasserwitz» unterordnete. 1975 veröffentlichte er einen zweiten umfangreichen Band, *No Laughing Matter,* der die wirklich «harten» unanständigen Witze enthielt – fast tausend gefüllte Seiten mit Witzen über analen Sadismus, Geschlechtskrankheiten und Schlimmeres. Es war ein Buch, von dem der Autor sagte, dass es «sehr viel schwieriger zu verfassen war, auch wenn viele Leser mir geschrieben haben, um mir mitzuteilen, dass sie *‹die Schwulen-Witze vermissen›* oder: *‹Wo zum Teufel sind die Witze übers Scheißen?›,* oder weil sie vom ersten Band enttäuscht waren, denn sie hatten ihre Lieblingswitze dort nicht entdeckt, oder dass die *‹unanständigsten Witze die besten sind›*. Ich bin da nicht so sicher.» Aber Legmans erklärtes Ziel war es nicht, den Leser zu amüsieren oder ihn mit Stoff für die Umkleidekabine zu versorgen. Er betrachtete sein Werk als seriöse psychoanalytische Forschung, die die «endlosen Aggressionen» hinter den Witzen enthüllte, vor allem denen von Männern gegen Frauen. Für Legman war das Erzählen eines unanständigen Witzes so viel wie eine verbale Vergewaltigung.

Legman verbrachte dreieinhalb Jahrzehnte damit, die Witze für diese beiden Bände zu sammeln – wobei er ungefähr sechzigtausend Varianten auf Karteikarten notierte und sie nach Typus und Motiv ordnete, um sie dann durch die verschiedenen Länder und Kulturen bis zu den Zeiten Poggios und sogar noch davor zurückzuverfolgen. Sie waren nicht nur aus den Quellen der Schriftkultur zusammengetragen worden, sondern stammten auch aus der Feldforschung: dem Salon, der Bierkneipe, dem Schlafzimmer und den öffentlichen Toiletten. (Viele Witze sind mit der Jahreszahl und dem Ort ihrer Entdeckung versehen: «Idaho 1932», «Penna 1949».) Seinem eigenen Bekunden nach war das Ergebnis ein riesiger «Schaukasten» der Ängste, der Repression und der Neurosen, ein Magnum Opus, dessen Niederschrift dem Verfasser «ebenso oft bittere Tränen wie heiteres Lachen» entlockt hat. Was hat ihn zu dieser einzigartigen Anstrengung getrieben? Einem seiner Freunde zufolge sah er sich selbst als «den Hüter des tiefsten Untergeschosses in der brennenden Bibliothek von Alexandria seines Zeitalters, des Untergeschosses unserer heimlichen Begierden, um dessen Rettung willen niemand auch nur einen Finger hob». Aber Legman muss auch geahnt haben, dass bei diesem gewaltigen Projekt über den unanständigen Witz auch ein unbewusster Anteil seiner selbst eine Rolle gespielt hat. Als Laien-Analytiker glaubte er, dass «Witze der Schlüssel zu den eigenen Neurosen und Zwängen des Witze-Erzählers sind und seine Schuldgefühle darüber verraten». Dies ist immerhin ein Mann, dessen unveröffentlichte Autobiographie den Titel «Penis Peregrinus» trug.

Es gibt allerdings auch Witze-Fanatiker, die anscheinend ein solch sonniges Gemüt besitzen, dass ihnen jeglicher Makel des Neurotischen abgeht. Einer von ihnen, vermutlich der gewaltigste Witzesammler aller Zeiten, war Nat Schmulowitz (1889–1966). Schmulowitz, der Sohn polnischer Einwanderer, die in San Francisco ein zwielichtiges Speakeasy und ein Nickelodeon betrieben, ackerte sich erfolgreich durchs Jurastudium. Anfang der 1920er gelangte er zu landesweitem Ruhm, als er den Stummfilm-Star Roscoe «Fatty» Arbuckle in einem der aufsehenerregendsten Gerichtsprozesse des Jahrhunderts verteidigte. (Arbuckle wurde beschuldigt, im Zusammenhang mit einer von Alkoholexzessen begleiteten Orgie eine junge Schauspielerin ermordet zu haben, nach drei Prozessen wurde er freigesprochen.) Schmulowitz vertrat als Anwalt außerdem Jack Dempsey und

Howard Hughes und zählte Hollywood-Stars wie Buster Keaton und Mary Pickford zu seinen Freunden, die er in sein Sommerhaus *Smilin' Thru* einlud (benannt nach dem Hollywood-Film von 1941, dt. *Im Banne der Vergangenheit*).

Schmulowitz' Hobby, das er mit verzehrendem Eifer betrieb, war das Sammeln von allem, was zur Folklore des Witzes gehört. Es begann alles damit, dass er sich bei der Lektüre von *Viel Lärm um Nichts* Beatrice' Anspielung auf die *Hundert lustigen Erzählungen* notierte.

Schmulowitz stöberte die einzig noch erhaltene Ausgabe dieser elisabethanischen Witzkompilation in der ehemals «Königlichen Universitätsbibliothek» in Göttingen auf und erwarb bei einem Londoner Antiquar ein seltenes Faksimile dieser Ausgabe. Danach verbrachte er seine knapp bemessene Freizeit damit, Buchkataloge zu durchforsten und auf der Suche nach ähnlich gefährdeten Bänden durch die Welt zu reisen. «Es ist eine Krankheit», sagte er, «eine wunderbare, wunderbare Krankheit!» Die Penthousewohnung in San Francisco, in der Schmulowitz mit seiner Mutter und seiner ledigen Schwester zusammenlebte, füllte sich mit Büchern aus fünf Jahrhunderten und Dutzenden von Sprachen – von Ausgaben von Poggios *Facetiae* bis zu Heften der Zeitschrift *Mad*. Am 1. April 1947

Nat Schmulowitz (1889–1966).

Er war ein heroischer Sammler aller möglichen humoristischen Geschichten und Gegenstände, aber selbst nicht besonders komisch. Als Strafverteidiger gelang es ihm immerhin, für Fatty Arbuckle einen Freispruch von dem Vorwurf, im Zuge einer Orgie im Suff eine junge Schauspielerin ermordet zu haben, zu erwirken.

begann er, seine Sammlung an die San Francisco Public Library abzutreten, und setzte seine Bücherschenkungen im Laufe der nächsten beiden Jahrzehnte fort, wobei er manchmal hundert Bücher im Monat abgab. Heute bilden diese Bücher den Kern der *Schmulowitz Collection of Wit and Humor*, der wahrscheinlich größten Sammlung dieser Art auf der Welt. (Seine einzige Rivalin ist das «Haus des Humors und der Satire», das sich – ausgerechnet – in Gabrovo in Bulgarien befindet.)

Schmulowitz, ein kleiner, stämmiger, kahlköpfiger Mann, war für seine Wärme und seine Bescheidenheit bekannt. Besonders komisch war er eigentlich nicht, wie seine Nichte Geraldine Weill Levine berichtet, aber «hin und wieder gelang ihm ein guter Kalauer». Er liebte Komiker wie Milton Berle, Phyllis Diller und Sid Caesar und gestattete ihnen, sich nach Belieben in seiner Humorsammlung umzusehen. Schmulowitz war ein unermüdlicher Advokat der Macht von Witzen, die er den «kleinen historischen Wandel» nannte. In einer Rede vor den Richtern des Ninth Judicial Circuit mit dem Titel «Freiheit, Gelächter und das Recht» sprach er eindringlich davon, dass Witze «Betrüger und Hochstapler entlarvt und bloßgestellt und die Menschen vor der Unterdrückung durch falsche Führer bewahrt haben». Das riesige Archiv gedruckter Späße, das er der San Francisco Public Library schenkte, sollte als ein Vermächtnis für seine Überzeugung wirken: «Ohne Humor sind wir verdammt.»

Als ich mich mit einer der Bibliothekarinnen unterhielt, die heute die Schmulowitz Collection, die der Öffentlichkeit zugänglich ist, beaufsichtigen, war ich ziemlich überrascht, als ich erfuhr, dass am häufigsten nach einem Buch von 1910 mit dem Titel *Der Flagellantismus und die Flagellanten. Eine Geschichte der Rute in allen Ländern* gefragt wird, auf dessen Frontispiz die «wunderschöne Madame LaPuchin» zu sehen ist, deren entblößter Rücken kräftig durchgepeitscht wird. Läuft das schon unter Humor? Nun ja, Witze sind *durchaus* ein Medium der Phantasie darüber, was man in der Realität eher vermeiden sollte, ein Ventil für unsere grausamen, irrationalen und aggressiven Impulse. Die Begeisterung für einen bestimmten Typus von Witzen kann auf eine Weise entlarvend sein, die dem Begeisterten vielleicht gar nicht so recht sein mag. Ein Beispiel dafür sind die Witze über tote Babys, die in den 60er Jahren in den USA populär waren. (*Was ist rot und schaukelt? Ein Baby an einem Fleischerhaken* und so weiter.) Wenn man einer der Jugendlichen war, die immer solche Witze

Madame LaPuchin in Ekstase.

Das am häufigsten nachgefragte Werk in der weltgrößten Sammlung humoristischer Bücher beschäftigt sich mit der Praxis der Flagellation.

erzählten, könnte das möglicherweise etwas mit den mörderischen Phantasien zu tun haben, die aus Geschwisterneid erwachsen. Selbst Eltern konnten darüber lachen; schließlich sind Babys einfach unwahrscheinlich anstrengend. Obwohl «kranker Humor» dieser Art außerhalb des Geltungsbereiches von Gershon Legmans klinischen Studien lag, der sich ausschließlich für Sex und Skatologie interessierte, gibt es einen leicht irritierten Hinweis darauf in seiner Einleitung zu seinem Buch über den unanständigen Witz, wobei er einen gewissen «Dr. Dundes» als Experten erwähnt.

Alan Dundes, ein Volkskundler an der University of California in Berkeley, wurde dort ehrfürchtig der «Witzprofessor» genannt. Bis zu seinem Tod 2005 – er starb bei einer Herzattacke im Seminarraum, einen Scherz auf den Lippen – war Dundes der emsigste Kompilator von Witzen in der akademischen Welt, der Erbe von Poggio, Legman und Schmulowitz. Während seiner langen Laufbahn veröffentlichte er mehrere analytische Humorsammlungen, insbesondere *Cracking Jokes* (1987). Er publizierte außerdem zahlreiche Aufsätze in Folklore-Zeitschriften über spezielle Themen aus der Welt der Witze mit Titeln wie «Hier sitze ich: Eine Untersuchung über amerikanische Latrinenwitze» (Toilettenwitze), «Arsch longa, vita brevis» (Aids-Witze), «Erster Preis: Fünfzehn Jahre» (Dissidentenwitze aus Osteuropa – der Titel ist die Pointe zu der Ausgangsfrage: «Hast du schon von dem Witz-Wettbewerb in Bukarest gehört?») und sogar einen Aufsatz über die Witze über den sexsüchtigen Politiker Gary Hart, «Achtzehn Zentimeter von der Präsidentschaft entfernt» – der, wie er mir stolz erzählte, als ich ihn eines sonnigen Tages im milden Berkeley kennenlernte, gerade ins Russische übersetzt worden war.

Schon als Junge, der in den Vororten von New York City aufwuchs, war Dundes von Witzen fasziniert. Sein Vater, ein Anwalt, kam jeden Abend aus der Stadt mit ein paar neuen Witzen nach Hause, die er beim Bridgespielen im Vorortzug, der von Grand Central abfuhr, aufgeschnappt hatte, und erzählte sie beim Abendessen. Als Student in Yale belegte Dundes ein Lyrikseminar bei Cleanth Brooks und begann sich für Yeats' Umgang mit keltischer Mythologie zu interessieren. Das führte ihn zum Studium der Volkskunde, damals ein marginales Studienfach. 1962 wurde er an der Indiana University promoviert, wo die Doktoranden als Voraussetzung für den Abschluss hundert Beispiele aus der Folklore beisteuern mussten, die sie gesammelt und analysiert hatten. Dundes reichte eine Menge Witze ein.

«Bis dahin war ich gar nicht darauf gekommen, die Witze, die ich gesammelt hatte, zu analysieren», erzählte mir Dundes. «Aber Wladimir Propps *Morphologie des Märchens* war gerade auf Englisch erschienen» – er bezog sich auf das Werk von 1928, das einunddreißig Narrateme unterscheidet, die der Struktur des russischen Märchens zugrunde liegen –, «und ich dachte, hey, das ist auch eine großartige Methodologie für Witze. Ich habe mich also schon früh der strukturalistischen Sache verschrieben.» Aber Dundes war auch ein Freudianer und blieb es bis zu seinem Tod, «selbst heutzutage in Zeiten des Freud-Bashings». Freud selbst sammelte fleißig jüdische Witze und hielt sie für außerordentlich aussagekräftig. Obwohl Freuds Sammlung höchstwahrscheinlich bei einem seiner regelmäßig veranstalteten Autodafés vernichtet wurde, finden sich etwa zweihundert Witze, Anekdoten, Kalauer und Rätsel in seinem 1905 veröffentlichten Buch *Der Witz und seine Beziehung zum Unbewußten*. Dundes war von diesem bahnbrechenden Werk stark beeinflusst, das Witze mit Träumen vergleicht. (Beide operieren mit Verdichtung und Verschiebung von Bedeutungen, der Repräsentation von Gegenständen durch ihr Gegenteil, dem Triumph von Täu-

Alan Dundes (1934–2005).

Der verehrte «Witzprofessor» von Berkeley sah die finstere Seite der Elefantenwitze.

schung über Logik – alles zu dem Zweck, den inneren Zensor zu überlisten.) «Manche Menschen glauben, Witze, Kinderreime und Märchen seien bloß harmlose kleine Geschichten, die nichts bedeuten», erzählte mir Dundes. «Aber sie sind eben nicht bedeutungslos. Und sie sind auch nicht notwendigerweise harmlos.»

Um diese These zu illustrieren, kam Dundes auf einen anscheinend milden und unverfänglichen Witz-Zyklus zu sprechen, der in den 1960er Jahren populär war: den Elefantenwitz. Es ist kein Zufall, dass Elefantenwitze gleichzeitig mit dem Beginn der Bürgerrechtsbewegung auftauchten, sagte er. Denken Sie an die Parallelen zwischen dem Elefanten und den weißen Klischees über Schwarze: die Verbindung mit dem Dschungel, das Potenzial für Gewalt, die Vorstellung ungewöhnlich großer Genitalien und der entsprechenden sexuellen Ausdauer. «Man kann das selbst bei den anscheinend unsinnigsten Witzen sehen», sagte er. «*Warum saß der Elefant auf dem Marshmallow? Damit er nicht in den Kakao fiel.* Das drückt die Angst der Weißen vor Schwarzen aus, die in die Nachbarschaft ziehen – sie versuchen auf der weißen Oase in der Schokolade zu sitzen, um es mal so auszudrücken. Dieser Witz wurde zu einer Zeit erzählt, als selbst die Progressiven Angst vor den Folgen der Integration hatten.»

Ich gestand Dundes, dass ich seine Interpretation vielleicht einen Hauch, na ja, bemüht subtil fand. Aber er bekräftigte, dass es einen Haufen anekdotisches Material gäbe, das seine These untermauere. «Als ein befreundeter Psychiater seine schwarze Sekretärin fragte, ob sie irgendwelche Elefantenwitze kannte, sagte sie: ‹Warum sollten *wir* denn solche Witze erzählen? Die sind doch über *uns.*›»

Ich konnte nicht widerstehen, die lästige, aber immer noch rätselhafte Frage zu stellen: Woher kommen die Witze? «Es gibt zwei klassische Theorien über den Ursprung des Witzes», sagte Dundes. «Eine lautet, dass sie von den Börsenmaklern kommen, die zwischen ihren Verkäufen und Käufen viel Zeit haben und ein Kommunikationssystem, um sie herumzuschicken. Die andere Theorie besagt, dass sie von Gefängnisinsassen erfunden werden, die eine Menge freie Zeit und ein Publikum haben, das ihnen nicht weglaufen kann.» Und er fügte hinzu: «In jüngster Zeit sind beide Theorien verschmolzen worden.»

Aber das romantische Ideal individueller Erfindungsgabe und Kreativität kommt einem unpassend vor, wenn es um Witze geht. «Die klassischen Witze werden in neuem Gewand wieder und wieder erzählt», bemerkte Dundes. «Ein gutes Beispiel ist einer, den ich zuerst über Richard Nixon gehört habe. An einem Wintertag macht Nixon einen Spaziergang auf dem Gelände des White House, als er auf die Worte ‹Ich hasse Tricky Dick› stößt, die mit Urin in den Schnee geschrieben worden sind. Er befiehlt dem Secret Service, die Sache zu untersuchen. Eine Woche später kommen sie wieder zu ihm und sagen: ‹Also, Mr. President, wir haben den Urin analysiert, und es hat sich herausgestellt, dass er von Kissinger stammt. Aber wir haben auch die Handschrift analysiert, und die stammt von der First Lady.›» Während der Jahre der Clinton-Administration hörte Dundes den gleichen Witz, wobei Kissinger und Pat Nixon durch Al Gore und Hillary oder sogar Chelsea ersetzt worden waren. Tatsächlich gehen Versionen dieses Witzes zurück bis zur Kultur in den Ozark-Bergen in den 1890er Jahren. «Die Leute, die heutzutage im Internet surfen, haben keine Ahnung, dass die Witze, die sie austauschen, hundert Jahre alt sind», sagte er.

Volkskundler neigen gern zu der Ansicht, dass Witze nicht erfunden werden, sondern sich entwickeln. Wie Legman es ausdrückt: «*Niemand* hat je einen Witz zum ersten Mal erzählt.»

Wirklich neue Witze, vor allem von der härteren Sorte, gelten als absolute Seltenheit. Auch wenn diese Behauptung übertrieben klingen mag, ist sie doch wahrer, als man glauben möchte. Vor ein paar Jahren erzählte mir ein Schuljunge einen Witz von einer Sorte, die gerade bei Kindern enorm populär ist – die Furzwitze: «Warum stinken Fürze? Damit auch Taube ihre Freude daran haben!» Als ich dann die antiken Witze im *Philogelos* (dem *Lachfreund*) durchlas, war ich doch ein wenig überrascht, als ich bei Nr. 241 im Grunde auf den gleichen Witz stieß: «Ein Dummer schlief mit einem Tauben zusammen und ließ einen streichen. Der andere roch den Gestank und schimpfte. Da sagte der Dumme: ‹Sieh mal, wie gut du hörst! Du veralberst mich ja nur.›» Ein anderes Beispiel für dieses Genre, *der glückbringende Furz* genannt (weil derjenige, der an diesem gastrischen Fauxpas die Schuld trägt, am Ende sogar davon profitiert), kann über Mark Twain bis zu John Aubrey zurückverfolgt werden, der in seinem «Lebensentwurf» über Edward de Vere, Earl of Oxford und Höfling der Königin Elisabeth, das Folgende berichtet: «Diesem Earl von Oxford widerfuhr es, dass es, als er Königin Elizabeth eine tiefe Verbeugung entbot, ein Furz entwich, dessen er sich so fassungslos schämte, dass er 7 Jahre auf Reisen ging. Bei seiner Rückkehr hieß ihn die Queen in der Heimat willkommen und sprach: My Lord, den Furz habe ich schon vergessen.» Es gibt eine noch ältere Version dieses wenig stubenreinen Witzes in *Tausendundeiner Nacht* unter dem Titel: «Wie Abu Hassan einen fahren ließ».

In einem weiteren zeitgenössischen Witz, den ein Broker von der Wall Street mir zusandte, stritten sich verschiedene Körperteile darüber, welches das wichtigste sei. Der Streit wird schließlich vom Anus für sich entschieden, der darauf verweist, dass, wenn er nicht mehr funktioniere, alles andere den Dienst versage. Die Pointe: Der Boss ist ein Arschloch! Ich staunte aber nicht schlecht, als ich entdeckte, dass dieser Witz einen Vorläufer im Neuen Testament hat, nämlich im Ersten Brief an die Korinther, wo Paulus, nachdem er die verschiedenen Glieder des Leibes nach ihrer Ehrbarkeit betrachtet hat, zum Schluss kommt, dass «Gott den Leib zusammengefügt hat und dem geringeren Glied höhere Ehre gegeben» – ein Glied, das in dem Brief, so nützlich es sein mag, als «unanständig» bezeichnet wird.

Oder diese Kamelle, die Mitte des zwanzigsten Jahrhunderts in Amerika erzählt wurde, über ein mittelloses Ehepaar, das aus Liebe geheiratet hat. Da es zum Frühstück nichts zu essen gibt, hat der Mann stattdessen morgens, bevor er zur Arbeit auf-

Königin Elisabeth I. (1533–1603).
Sie hatte den Furz schon vergessen.

bricht, Sex mit seiner Frau auf dem Küchentisch, und ebenso, wenn er zum Mittagessen nach Hause kommt. Als er am Abend ausgehungert das Haus betritt, findet er seine Frau in der Küche vor, die Unterhose heruntergezogen und die Füße auf die Ofentür gestellt: «Ich wärme nur dein Abendessen auf, mein Schatz», sagt sie. Dieser Scherz kann bis zu einem schottischen Lied vom Ende des achtzehnten Jahrhunderts, «The Supper Is Na Ready», und von dort zu einer Sammlung freizügiger französischer Lyrik von 1618 *(«Mais le souper n'est pas encore cuit»)* und schließlich zum *Philogelos* zurückverfolgt werden: «Ein junger Mann sagte zu seiner Frau: ‹Herrin, was tun wir? Wollen wir essen oder der Liebe pflegen?› Sie antwortete: ‹Wie du willst. Brot ist keins da.›»

Das ist vielleicht die längste Abstammungslinie eines Witzes, die man je festgestellt hat, sie reicht immerhin etwa fünfzehn Jahrhunderte zurück. Wir verdanken es der Mühe der großen Witzesammler – einiger weniger brillanter, universell gebildeter und manchmal exzentrischer Männer –, dass wir uns heute einer solcher Kontinuität in den niederen Regionen der Zivilisation bewusst sein können. Manche haben einfach auf die Arbeit früherer Sammler draufgesattelt, andere haben Analysen oder rhetorische Abwandlungen hinzugefügt. Der Wichtigste von ihnen bleibt aber Poggio, der die verlorengegangene klassische Kunst des Witzes der westlichen Kultur wieder zuführte.

Nach Poggios Tod bestatteten ihn die Bewohner von Florenz mit großem Pomp in der Basilika von Santa Croce. Donatello erhielt den Auftrag, eine Statue von ihm anzufertigen, die in die Fassade der Kathedrale eingelassen wurde. Ein Jahrhundert später, im Jahr 1569, wurden an der Kathedrale Veränderungen vorgenommen, und Poggios Statue wurde von ihrem ursprünglichen Standort versetzt in das linke Seitenschiff, wo sie nun in eine Gruppierung der zwölf Apostel eingefügt ist. Dort kann man den ersten modernen Witzesammler finden, wo er für alle Zeit Märtyrern und Evangelisten Gesellschaft leistet.

TEIL ZWEI

PHILOSOPHIE

Lachen.

Normalerweise gesund, gelegentlich verhängnisvoll.

Das Wahre, Schöne und Gute – das ist die traditionelle Handelsware der Philosophie. Das mittlere Element dieses ergrauten Trios hat sich dabei im Laufe der Jahrhunderte als besonders verzwickt erwiesen. Heutzutage denkt man, Schönheit sei ein zu beschränkter und altmodischer Begriff, um alle Eigenschaften der Kunst und der Natur erfassen zu können, die uns Freude und Vergnügen bereiten. Philosophen sprechen stattdessen von dem «ästhetischen Wert». Und die am wenigstens problematische Form, den ästhetischen Wert zu definieren, besteht darin, die typische Reaktion zu beschreiben, die er im Betrachter hervorruft: die «ästhetische Erfahrung».

Woran erkennt man, dass man gerade eine ästhetische Erfahrung macht? Die körperlichen Symptome, wenn es denn welche gibt, sind eher unauffällig. Eine Stelle in einer Bach-Fuge kann einem für einen Moment lang Gänsehaut verursachen. Eine Zeile von Yeats kann ein Prickeln auslösen oder dazu führen, dass sich einem vor Ergriffenheit die Nackenhaare aufstellen. Aber es gibt eine Form der ästhetischen Erfahrung, deren körperlicher Ausdruck geradezu erschütternd offensichtlich ist. Es bedarf dazu der Kontraktion von ungefähr fünfzehn Gesichtsmuskeln und der gleichzeitigen Stimulation der für Einatmung und Ausatmung zuständigen Muskeln, was eine Reihe respiratorischer Spasmen nach sich zieht, die von einer vokalbasierten Lautexplosion begleitet werden. Positive Nebenwirkungen dieser Erfahrung sollen die Anreicherung des Blutes mit Sauerstoff, die Reduktion von Stresshormonen und eine Stärkung des Immunsystems durch die erhöhte Aktivität von T-Zellen sein. Wird diese Erfahrung aber zu heftig, kommt es womöglich zu einer Kataplexie, die zu einem muskulären Kollaps und möglichen Verletzungen führen kann. In seltenen Fällen können die Folgen sogar noch schwerwiegender sein. Anthony Trollope erlitt infolge dieser Erfahrung einen Schlaganfall, als er einen inzwischen vergessenen viktorianischen Roman mit dem Titel *Vice Versa* von Thomas Anstey Guthrie las. Und der antike griechische Maler Zeuxis, der auf das Bild eines alten Weibes reagierte, das er gerade erst gemalt hatte, so will es jedenfalls die Überlieferung, soll sogar daran gestorben sein.

Was ich da beschreibe, ist natürlich das Lachen, unsere typische Reaktion auf die ästhetische Kategorie des Humoristischen, des Komischen und Witzigen. Dies wirft eine interessante Frage auf: Was genau ruft in einer komischen Situation diesen Reflex nun eigentlich hervor? Warum sollte eine bestimmte Form der Hirnaktivität zu einer solch merkwürdigen Verhaltensreaktion führen, die doch keinem erkennbaren evolutionären Zweck dient? Wie Voltaire es spöttisch in seinem Eintrag über das «Lachen» in den *Questions sur l'Encyclopédie* beschreibt: «Wer kundig ist, weshalb dieses Freudegefühl, welches Gelächter hervorruft, den Jochbeinmuskel, einen der dreizehn Muskel des Mundes, zu den Ohren hin strafft, der ist höchst gelehrt.»

Auch wenn es Lachen ohne Humor geben kann – Kitzeln, Scham, Lachgas und das Hochgefühl bei erfolgreicher Rache können es bekanntlich ebenfalls hervorrufen –, kann es Humor ohne Lachen nicht geben. Das jedenfalls denken die zeitgenössischen Philosophen darüber. «Die Neigung eines Zustands der Heiterkeit, sich in Gelächter zu manifestieren, ist wohl wesentlich für seine Identität», lesen wir unter dem Eintrag «Humor» in der *Routledge Encyclopedia of Philosophy*. Aber Lachen ist etwas Physisches. Man braucht einen Körper, um es zustande zu bringen. Wenn die Philosophen also recht haben, könnten rein geistige Wesen einen Witz eigentlich gar nicht «kapieren». (Die homerischen Götter können lachen und tun es auch ausgiebig, weil sie leibliche Wesen sind; es heißt, dass Zeus nach seiner Geburt sieben Tage lang ununterbrochen gelacht hat.)

Die bloße Tatsache, einen Körper zu haben, garantiert allerdings noch nicht, dass man auch regelmäßig lacht. Isaac Newton hat angeblich nur ein einziges Mal in seinem Leben gelacht – als jemand ihn fragte, welchen Nutzen seiner Meinung nach eigentlich Euklids *Elemente* haben könnten. Auch Josef Stalin scheint irgendwie agelastisch gewesen zu sein (von dem griechischen *a-* = «nicht» und *gelos* = «Lachen»). «Selten hat irgendjemand Stalin lachen gesehen», lesen wir in Marschall Georgi Schukows *Erinnerungen und Gedanken*. «Wenn er es doch einmal tat, klang es eher, als würde er vor sich hin kichern.» Zu den anderen mutmaßlichen Agelasten zählen Jonathan Swift, William Gladstone, Margaret Thatcher und die Richterin am Supreme Court Ruth Bader Ginsberg. Jesus weinte, aber hat er auch gelacht? Das ist die zentrale Frage in Umberto Ecos *Der Name der Rose*. Ich konnte den Roman leider nicht zu Ende lesen und weiß deshalb auch nicht, wie nun die Antwort lautet, aber an allzu viel Gelächter in den Evangelien kann ich mich auch nicht erinnern. «Die völlige Abwesenheit von Humor in der Bibel», stellte Alfred North Whitehead einmal fest, «ist etwas absolut Einmaliges in der Weltliteratur.»

Wie die Liebe verbindet auch das Lachen, der einzige andere innere Freudenquell der Menschen, das Reich des Geistes mit dem des Körpers: So stellt es der unvergleichliche Max Beerbohm 1920 in seinem Essay über das «Lachen» fest. Während die Liebe, so Beerbohm, zuerst im Körperlichen wurzelt und dann im Geistigen gipfelt, so zeigt der Vektor des Lachens in genau die entgegengesetzte Richtung: vom Geistigen ins Körperliche. Man kann auch die Parallele zum Sex ziehen. Dem Marquis de Sade zufolge zielt die sexuelle Vereinigung darauf ab, dem Partner unwillkürliche Geräusche zu entlocken – was exakt das Ziel des Humors ist, auch wenn der Charakter der Geräusche und ihre Quelle ein wenig anders sind.

Schon oft ist die Klage laut geworden, dass Philosophen dem Lachen und dem Humor nicht genügend Aufmerksamkeit geschenkt haben. Im *Oxford Companion to Philosophy* beginnt der Eintrag zu «Humor» mit den Worten: «Obwohl das Lachen wie die Sprache oft als eine der Eigenschaften bezeichnet wird, die den Menschen von anderen Wesen unterscheiden, haben Philosophen nur einen Bruchteil ihrer Zeit und ihrer Schriften auf dieses Thema und das damit verbundene heitere Vergnügen verwendet, wenn man es etwa mit der Zahl und dem Umfang der Schriften zur Sprachphilosophie

DREI BERÜHMTE AGELASTEN

Sir Isaac Newton (1642–1717).

Er lachte nur einmal in seinem Leben,
wegen eines Kommentars zur Geometrie.

Baruch de Spinoza (1632–1677).

Er stellte fest, dass «Lachen reine Freude ist», er selbst lachte jedoch nur, wenn er Spinnen beim Kampf auf Leben und Tod zuschaute.

Josef W. Stalin (1879–1953).

Der Diktator hatte keine rechte Freude an Witzen.

vergleicht.» Hier und da finden sich Aperçus dazu im philosophischen Kanon. Platon bezeichnet die eigentlichen Gegenstände des Lachens als lasterhaft und närrisch. Aristoteles erklärt, dass das Lächerliche eine Kategorie des Hässlichen sei. Spinoza, der seinen Freunden zufolge laut lachte, wenn er sein bevorzugtes Spektakel verfolgte – den Kampf zweier Spinnen auf Leben und Tod –, bemerkt in seiner *Ethik,* dass «Lachen reine Freude» und daher «an sich gut» sei. Hobbes, Kant und Schopenhauer haben eher beiläufige Theorien des Humors hier und da in ihre Hauptwerke eingeflochten. Eine eigenständige Abhandlung über Lachen und Humor findet sich erst bei den Philosophen aus der zweiten Reihe, etwa bei dem französischen vitalistischen Philosophen Henri Bergson, der in seinem Buch *Das Lachen* von 1899 das Komische als «die Kruste des Mechanischen über der Lebendigkeit» definierte – wobei das eher enttäuschende Paradebeispiel ein Mann ist, der auf einer Bananenschale ausrutscht.

Es gibt mehrere Gründe dafür, warum sich Philosophen dem Problem des Humors vielleicht nur zurückhaltend gewidmet haben. Zunächst gilt die Grundregel: Je interessanter *x* ist, desto langweiliger neigt die Philosophie von *x* zu sein und umgekehrt. (Kunst ist interessant, aber die Philosophie der Kunst oder der Ästhetik ist meistens langweilig; das Recht bzw. Jura ist langweilig, aber die Rechtsphilosophie dagegen ziemlich interessant.) Außerdem haben wir die Empfindung, dass man in das Geheimnis von etwas so Kostbarem wie dem Lachen nicht seine Nase hineinstecken sollte. Schließlich herrscht die Sorge, dass die Analyse des Komischen wahrscheinlich nicht sehr komisch ist – oder schlimmer noch, unfreiwillig komisch. Wie Saul Steinberg sagte: «Der Versuch, Humor zu definieren, ist eine der Definitionen von Humor.»

Niemand in der philosophischen Tradition hat eine solch nachhaltige Studie über Humor und Lachen geliefert, die dem Vergleich mit Sigmund Freuds *Der Witz und seine Beziehung zum Unbewußten* standhalten könnte. Freuds Interesse am Phänomen des Humors war nicht primär philosophischer Natur. Er fand Witze – ein Sub-Genre des Komischen – vielmehr deswegen so reizvoll, weil sie so viele Ähnlichkeiten mit Träumen haben. (Als Freuds Freund, Vertrauter und medizinischer Kollege Wilhelm Fließ im Herbst 1899 die Korrekturfahnen der *Traumdeutung* las, beklagte er sich darüber, dass die Träume einen ziemlich großen Haufen Witze zu enthalten schie-

Sigmund Freud (1856–1939).

Der Psychoanalytiker des Humors, dessen eigene Lieblingswitze eine tiefe Ambivalenz in Bezug auf seine Identität als Jude verraten.

nen.) Sowohl in Witzen wie in Träumen, stellte Freud fest, werden Bedeutungen verdichtet und verschoben, Dinge werden indirekt oder durch ihr Gegenteil repräsentiert, Widersinn übertrumpft die Logik. Wie Träume tauchen Witze oft unverhofft auf und sind auch schnell wieder vergessen. Aus diesen Ähnlichkeiten schloss Freud, dass Witze und Träume eine gemeinsame Quelle haben müssen: das Unbewusste. Beide sind im Kern Strategien, den «inneren Zensor» zu überwinden. Dennoch gibt es auch einen entscheidenden Unterschied, wie Freud unterstrich. Witze sollen verstanden werden, das ist sogar entscheidend für ihren Erfolg. Die Bedeutung eines Traums entgeht im Gegensatz dazu sogar dem Träumer selbst. Es ist deshalb auch nicht weiter verwunderlich, dass die eigenen Träume für andere Menschen völlig uninteressant sind (außer für den eigenen Analytiker). In gewisser Weise ist ein Traum ein misslungener Witz.

Freud war ein fleißiger Sammler von Witzen, insbesondere von jüdischen Witzen, und sein Buch enthält nach meiner Zählung 138 Beispiele. Einige davon sind ausgezeichnet. («Serenissimus macht eine Reise durch seine Staaten und bemerkt in der Menge einen Mann, der seiner eigenen hohen Person auffällig ähnlich sieht. Er winkt ihn heran, um ihn zu fragen: ‹Hat Seine Mutter wohl einmal in der

Residenz gedient?› – ‹Nein, Durchlaucht›, lautet die Antwort, ‹aber mein Vater.›») Manche sind ganz leidlich («Ein Jude bemerkt Speisereste am Bart des anderen. ‹Ich kann dir sagen, was du gestern gegessen hast.› – ‹Nun, sag.› – ‹Also Linsen.› – ‹Gefehlt, vorgestern!›») Andere sind veraltet – um es freundlich auszudrücken («Das Ehepaar X lebt auf ziemlich großem Fuße. Nach der Ansicht der einen soll der Mann *viel verdient* und sich *dabei etwas zurückgelegt* haben, nach anderen wieder soll sich die Frau *etwas zurückgelegt* und dabei *viel verdient* haben.» Freud findet, dies sei «ein geradezu diabolisch guter Witz!»). Und wenn es um die Formulierungskunst geht, ist Freud kein Henny Youngman (der König der Einzeiler); eines seiner Beispiele beginnt so: «Ein Verarmter hat sich von einem wohlhabenden Bekannten unter vielen Beteuerungen seiner Notlage 25fl. geborgt ...»

Indem er seine eigenwillige Sammlung von Witzen anlegte, gab sich Freud zugleich selbst einer späteren Analyse preis. Der Kulturanthropologe Elliott Oring legte ihn in seinem 1997 erschienenen Buch *The Jokes of Sigmund Freud* gleichsam selbst auf die Couch. Er kam zum Schluss, dass Freuds Witze eine tiefe Ambivalenz bezüglich seiner eigenen jüdischen Identität offenbaren, eine Ambivalenz, die man bis zu einer Episode in seiner Kindheit zurückverfolgen kann, als sein Kindermädchen ihn dabei erwischte, wie er auf die Treppe spuckte. Allein schon dem Impuls, Witze zu sammeln, die man gewöhnlich für relativ wertlose und austauschbare Gegenstände hält, kann man eine psychosexuelle Bedeutung verleihen. In einem Aufsatz von 1917 über «Analerotik» schlägt Freud die folgende Erklärung vor: Das Kind ist von seinen körperlichen Ausscheidungen verwirrt. Sein Kot scheint einen gewissen Wert zu besitzen, da er seinem Körper entstammt und das Interesse seiner Eltern erregt (Freud sagt, er ist «das erste Geschenk» des Kindes). Aber sein Kot wird entfernt und beseitigt, scheint also zugleich wertlos zu sein. Allmählich wird das Kind durch das Realitätsprinzip von seiner normalen Neugierde auf die Abfallprodukte seines Körpers entwöhnt, und zwar durch eine Reihe trockener und immer trockenerer Substitute – durch Kuchen aus Erde, die Sandkiste und so weiter. Bei Neurotikern aber bleibt der Drang, Abfall, Schmutziges und Wertloses – alte Zeitungen, Untersetzer, leere Bierdosen, altes Kleingeld – zu horten. (Hinter solchen Ausdrücken wie «Dukatenscheißer» oder «schmutzigem» Geiz steckt Freud zufolge die Identifikation von Gold mit Kot.) Und nichts ist so schnell entsorgt wie ein Witz.

Philosophen waren auf ihrer Suche nach einer Theorie des Witzes nicht so kühn wie Freud. Manche finden die Suche nach einer solchen Theorie an sich schon müßig. Ted Cohen, ein angesehener Philosoph an der University of Chicago, ist einer von ihnen. «Jegliche allgemeine Theorie des Witzes, die mir bekannt ist, ist falsch», schrieb er 1999 in seinem Werk *Jokes.* «Eine solch monotone Theorie beruft sich immer auf eine oder zwei Arten von Witzen und trifft auf die anderen eben nicht zu.» Vielleicht sind Witze einfach zu unterschiedlich für einen gemeinsamen Nenner. Der Philosoph Ludwig Wittgenstein stellte in seinen *Philosophischen Untersuchungen* fest, dass bestimmte Begriffe wie Familienähnlichkeiten zu verstehen sind. Mitglieder einer Familie neigen dazu, einander ähnlich zu sehen, obwohl sie als Gruppe keineswegs bestimmte Gesichtszüge oder ein besonderes Merkmal miteinander teilen. Manche haben das gleiche Haar, die gleichen Augen, aber eine unterschiedliche Nase, andere unterschiedliche Augen, aber gleiche Nasen und Kinne und so weiter. Vielleicht ist es bei Witzen auch so. Wenn es so ist, würde jede philosophische Theorie, die behauptet, das Wesen des Witzes erkannt zu haben, notwendigerweise ebendieses Wesen zurechtstutzen müssen.

Wie viele Arten von Witzen gibt es? Nun, da gibt es die zeitgebundenen Witze *(Wussten Sie schon, dass sich Nixon siebenmal* Deep Throat *ansehen musste, bevor er ihn bei Pat richtig reinkriegte?)* und die ewigen Witze *(Der Arzt, der vom Krankenbett der Frau weggeht, sagt zu dem ihn begleitenden Ehemanne kopfschüttelnd: Die Frau* gefällt *mir nicht. Mir* gefällt *sie schon lange nicht, beeilt sich dieser zuzustimmen).* Es gibt Witze, die einiges an kultureller Bildung voraussetzen *(Ein Bettler haut einen Mann auf dem Bürgersteig von einem Broadway-Theater an. Der Mann weigert sich, ihm irgendetwas zu geben und sagt: «‹Sei weder Borger noch Verleiher, Junge.› – Shakespeare.» Der Bettler antwortet: «‹Leck mich am Arsch!›» – Mamet.»)* und Witze, die überall ankommen, weil sie kaum etwas voraussetzen, was Wissen oder Gefühle anbelangt. *(Als ich klein war, war ich so unbeliebt, dass selbst mein imaginärer Freund mit dem Nachbarskind spielte.)*

Da gibt es die klassischen Witze *(«Wer war denn die Dame, mit der ich Sie gestern Abend zusammen gesehen habe?» – «Das war keine Dame, das war meine Frau»)*, die dann eine Hip-Hop-isierung erfahren *(«Wer war denn die Hure, mit der ich dich gestern Abend gesehen habe?» – «Das war keine Hure, das war meine Bitch»)* und sich schließlich in ein philosophisches Pastiche verwandeln *(Oh Sokrates, wer war denn die Dame, mit der ich dich gestern Abend gesehen habe?» – «Das war keine Dame, das war Alkibiades»).*

Es gibt Witze über verschiedene Gruppen, wie zum Beispiel die Unitarier *(Wie protestiert man dagegen, dass eine Unitarier-Familie in der Nachbarschaft einzieht? Man brennt ihnen ein Fragezeichen in den Rasen)* oder die Trucker *(Woran erkennt man, dass ein Trucker gestorben ist? Ihm rollt der Doughnut aus der Hand)* oder Hinterwäldler *(Warum haben Hinterwäldler gern Sex a tergo? Weil beide dann Autorennen im Fernsehen gucken können).* Es gibt sogar Witze über Kastraten, die einem nicht auf die Eier gehen sollten.

Die «Jüdisch-Amerikanische Prinzessin» oder JAP ist eine spezielle Zielscheibe des Spotts, insbesondere wegen ihrer Shopping-Vorlieben und der Abneigung, sich auf gewisse sexuelle Praktiken einzulassen. *(Warum bevorzugen JAPs beschnittene Männer? Sie mögen alles mit 20 % Rabatt. Was kommt dabei raus, wenn man eine JAP mit einem Mac kreuzt? Ein Computer ohne Gebläse.)*

Es gibt Witze über Musikinstrumente, besonders über die Bratsche, die in der Welt der klassischen Musik offenbar besondere Verachtung genießt. *(Warum hat das Huhn die Straße überquert? Es wollte vor dem Bratschen-Konzert fliehen.* Oder die etwas esoterischere Variante: *Wie wurde der Kanon erfun-*

den? Zwei Bratschisten versuchten, im Gleichklang zu spielen.)

Es gibt geographische Witze, einschließlich solcher über sämtliche fünfzig amerikanische Bundesstaaten und, was etwas überflüssig ist, über die Virgin Islands. *(Warum wird New Jersey der Gartenstaat genannt? Weil an jeder Straßenecke ein Rosenblum wohnt. Was haben ein Wirbelsturm und eine Scheidung in West Virginia gemeinsam? Jemand verliert dabei auf jeden Fall einen Wohnwagen.)* Merkwürdigerweise wurde Missouri immer der «Puke State» genannt, wobei das aber nicht eine scherzhafte Anspielung auf das Erbrechen war, sondern eine Verballhornung von «Pikes», einem Begriff aus dem Westen für Wanderarbeiter aus dem Pike County in Missouri.

Es gibt politische Witze, wie Ronald Reagans Definition von «Marktliberalismus»: *Wenn es sich bewegt, besteuere es. Wenn es sich immer noch bewegt, reguliere es. Wenn es sich dann nicht mehr bewegt, subventioniere es.* Der Irakkrieg hat eine ganz neue Kategorie von Witzen über die «Neokonservativen» hervorgebracht, zum Beispiel: *Wie viele Neokonservative braucht man, um eine Glühbirne einzuschrauben? Keine – Präsident Bush hat bekannt gegeben, dass die Glühbirne in drei Monaten in der Lage sein wird, sich selbst einzuschrauben.* Oder um ein Beispiel zu wählen, das von den harschen Umgangsformen Dick Cheneys inspiriert ist: *Wie viele Neokonservative braucht man, um eine Glühbirne einzuschrauben? Fick dich doch selbst!*

Es gibt Witze über nationale Katastrophen, die auf der etwas zweifelhaften Vorstellung basieren, dass das Komische gleich dem Tragischen plus Zeit ist *(Warum ist die Challenger explodiert? Die Astronauten haben Crystal Tang gekocht).* Einige davon nehmen seltsamerweise die Form von kindlichen Klopf-Klopf-Witzen an. *(«Klopf klopf.» «Wer ist da?» «Der 11. 9.» «Der 11. 9. was?» «DU SAGTEST, DU WÜRDEST NIEMALS VERGESSEN!»)*

Es gibt nette Witze, die man in jedem Wohnzimmer der Welt erzählen kann. *(Was sagt eine Schnecke, die auf dem Rücken einer Schildkröte reitet? «Huiii!»)* Und es gibt unanständige Witze, die eine Witwe schockieren könnten, wie: *Wie kitzelt man einen Ozelot? Man oszilliert mit seinem Kitzler* – angeblich ein Lieblingswitz von George H. W. Bush. Oder der über die Dame, die nach Boston fliegt und unbedingt das Fischgericht essen will, für das die Stadt berühmt ist, Scrod, das ist junger Kabeljau. *«Where can I get scrod?», fragt sie den Fahrer, als sie ins Taxi steigt. «Oha», antwortet der und tut so, als hätte sie nach einer ganz bestimmten Dienstleistung gefragt,*

«I've never heard it put in the pluperfect subjective before!» Oder der über Bill Clintons erfolgreiche Diät: *Sein Bauch ist wieder so flach, dass er seine Praktikantin sehen kann.* Oder der, der jedes Jahr an Monica Lewinskys Geburtstag erzählt wird: *Stell dir vor, Monica ist schon dreißig! Es kommt einem so vor, als wäre es erst gestern gewesen, als sie auf dem Boden des Oval Office herumkroch.* Oder der über die Prostituierten am Times Square, die um den 15. April herum an die Frist für die Steuererklärung erinnern: *Für zusätzliche 50 Dollar kümmern sie sich um deine Verlängerung.*

Es gibt ungewollte Witze und solche, die beabsichtigt sind – und manche, die paradoxerweise beides gleichzeitig sind, wie die Schlagzeile der Londoner Zeitung im Zweiten Weltkrieg: BRITISH PUSH BOTTLES UP GERMANS (Britischer Vorstoß kesselt Deutsche ein/Briten schieben Deutschen Flaschen in den Hintern). Es gibt auch Witze, die gleichzeitig platt und surreal sein können. *(Ein Freund fragte mich, ob ich eine gefrorene Banane haben möchte. Ich sagte: «Nein, aber später möchte ich eine warme Banane haben, also ja!»)*

Es gibt kurze Witze, einige sogar mit einer einsilbigen Pointe. *(Was ist braun und klingt wie ein Gong? Dung!)* Es gibt sogar den ganz seltenen Witz, der nur aus zwei Worten besteht. («Prätentiös? *Moi?*»)

Ist ein Ein-Wort-Witz theoretisch möglich? Ich möchte *Kalamazoo!* vorschlagen, was natürlich der Name einer absolut ehrbahren Stadt in Michigan ist. Es beginnt ja ganz vielversprechend, da der Konsonant *K* von den Leuten im Komik-Geschäft für ganz besonders lustig gehalten wird; die Ausführung *(Ka-la-ma)* gehorcht der Dreier-Regel des Komischen, und die Pointe *(zoo!)* landet über den Zischlaut *z* auf dem albernsten Phonem in der englischen Sprache.

Schließlich gibt es, wie wir alle wissen, lange Witze, Witze, die eine Fußnote zu monströsen Ausmaßen anschwellen lassen.*

* *Eines Tages wird ein Taxi, das über die Fifth Avenue fährt, von einem Mann herangewinkt, der an der Straßenecke steht. Als er ins Taxi steigt, sagt der Mann: «Fahren Sie mich zum Palmer House.»*
«Das Palmer House?», sagt der Fahrer. «Das ist in Chicago.»
«Ich weiß», sagt der Fahrgast. «Genau da will ich hin.»
«Ich fahre Sie zum Kennedy Airport», sagt der Fahrer. «Von dort aus können Sie fliegen.»
«Ich habe Angst vorm Fliegen.»
«Dann fahre ich Sie zur Grand Central rüber, und Sie nehmen den Zug.»
«Nein, der Zug braucht zu lange, und außerdem müsste ich dann noch von der Union Station zum Palmer House kommen.»
«Wenn ich Sie die ganze Strecke bis nach Chicago fahre, kostet Sie das ein Vermögen. Zweimal ein Vermögen, denn Sie

Könnte irgendeine Theorie auch nur aus dieser kleinen Ansammlung von Witzen eine gemeinsame Essenz filtern? Es gibt drei konkurrierende überlieferte Theorien, alle schon etwas angestaubt, die

müssten mich auch für die Leerfahrt zurück nach New York bezahlen.»
«Das ist schon in Ordnung. Das kann ich mir leisten. Hier sind schon mal ein paar hundert Dollar. Den Rest bezahle ich, wenn wir da sind.»
Da es dem nun wirklich nichts mehr entgegenzusetzen gibt, fährt der Taxifahrer von Manhattan nach New Jersey und dann auf den Pennsylvania Turnpike, anschließend auf den Ohio Turnpike, den Indiana Turnpike und schließlich auf den Skyway nach Chicago hinein. Er nimmt die Stony Island bis zur Fifty-seventh Street, wo er auf den Lake Shore Driveway biegt. Er fährt in nördlicher Richtung bis zur Congress, dann rüber auf die Michigan Avenue und wieder Richtung Norden, bis er zur Wabash gelangt, fährt einen Block in südlicher Richtung und kommt quietschend am Wabash-Eingang zum Palmer House zum Stehen – nach zwei Tagen und einer Nacht ununterbrochenen Fahrens.
Der Fahrgast blickt auf den Taxameter, gibt dem Fahrer noch mehrere hundert Dollar, um den vollen Fahrpreis zu bezahlen, außerdem ein stattliches Trinkgeld, und öffnet dann die Tür, um auf den Bürgersteig zu treten.
Bevor noch jemand die Autotür schließen kann, schlüpfen zwei Frauen, die am Bordstein gestanden haben, schon auf die Rückbank des Taxis. Eine der Frauen sagt: «Wir möchten zu einer Adresse an der Flatbush Avenue.»
«Tut mir leid, meine Dame», sagt der Taxifahrer. «Ich fahre nicht nach Brooklyn.»

«Tut mir leid, meine Dame, ich fahre nicht nach Brooklyn.»

für sich in Anspruch nehmen, Humor erklären zu können.

Die «Überlegenheits-Theorie» – die in unterschiedlicher Form von Platon, Hobbes und Bergson propagiert wird – siedelt die Essenz des Humors in dem «plötzlichen Ruhm» (Hobbes) an, den wir fühlen, wenn wir zum Beispiel sehen, wie Bill Gates von einer Sahnetorte im Gesicht getroffen wird. Dieser Theorie zufolge ist Humor im Grunde immer Hohn und Spott, alles Gelächter nur ein kleines, vergeistigtes Zähnefletschen.

Die «Inkongruenz-Theorie», die von Pascal, Kant und Schopenhauer vertreten wird, besagt, dass Humor dann entsteht, wenn sich das Anständige und Logische plötzlich ins Niedrige und Absurde auflöst. «Glauben Sie, Stöcke für kleine Kinder sind gut?», wird W.C. Fields gefragt. «Nur wenn man mit Güte nicht weiterkommt», antwortet er.

Warum die jeweilige Wahrnehmung – die der Überlegenheit oder der Inkongruenz – einen Kicher-Anfall und Schnappatmung nach sich ziehen sollte, ist allerdings auch weiterhin völlig unklar. Der Vorteil der dritten Theorie, der «Entlastungs-Theorie», ist, dass sie zumindest die kausale Verknüpfung zwischen Humor und Lachen zu erklären versucht. Freud ist der Meinung, dass das Lachhafte – idealerweise ein unanständiger Witz – das

Lachen von Hemmungen durch verbotene Gedanken und Gefühle befreit. Das Resultat ist die Freisetzung psychischer Energie durch die Gesichts- und Atmungsmuskulatur – ein lärmender Ausbruch, der nicht zufällig dazu dient, die psychische Zensur von dem abzulenken, was wirklich los ist.

Ein Wissenschaftler, der sich zwischen konkurrierenden Theorien entscheiden muss, will herausfinden, wie gut eine Theorie das vorhandene Anschauungsmaterial zu erfassen erlaubt. Und wenn sich Theorien den Humor vornehmen, liefern Witze mehr als genug Material. Die Überlegenheits-Theorie passt gut zu Witzen, die mit Unglück, Missgeschicken und Deformationen zu tun haben *(Wieso hat sich Helen Keller die Finger verbrannt? Sie hat versucht, ein Waffeleisen zu lesen)*, zu Witzen über Betrunkene, Pantoffelhelden und Anwälte, Witzen über diskriminierte ethnische Gruppen und Rassen. Sie kann das Vergnügen gut erklären, das man an Witzen wie diesen hat:

Ein wütender Mann kommt in eine Bar, bestellt einen Drink und sagt zum Barkeeper: «Alle Agenten sind Arschlöcher.»

Ein Mann am anderen Ende des Tresens sagt: «Stopp mal, das will ich aber nicht gehört haben.»
«Wieso? Sind Sie Agent?»
«Nein, aber ein Arschloch.»

Wenn man diese Theorie ziemlich weit fasst, kann man mit ihr alle möglichen Witze erklären, selbst solche, bei denen die Verachtung für das Zielobjekt des Scherzes der Sympathie für ebenjenes weicht. Man kann diese Form der Überlegenheit als eine Art gottgleicher Perspektive auf die Dinge des menschlichen Lebens verstehen oder auf die ganze Welt selbst. (Als Max Beerbohm im Hafen von New York von Bord ging, wurde er von einem Reporter gefragt, was er über die Freiheitsstatue dachte. «Sie ist schlicht vulgär», sagte Beerbohm. «Man sollte sie abreißen.»)

Aber was ist mit dem Kalauer, den man weit und breit und vielleicht zu Recht für die niedrigste Form des Humors hält? (Als ein Englischprofessor Vladimir Nabokov von einer Nonne erzählte, die an einem seiner Seminare teilnahm und sich darüber beklagt hatte, dass zwei Studenten hinten im Seminarraum während einer Sitzung «geschnäbelt» hätten, sagte Nabokov: «Sie hätten sagen sollen: «Schwester, seien Sie doch froh, dass sie nicht ‹geferkelt› haben.») Man kann natürlich behaupten,

«Sie ist schlicht vulgär», sagte Max Beerbohm.
«Man sollte sie abreißen.»

dass wir bei solchen Wortspielen unsere Überlegenheit über die Sprache oder die Vernunft genießen. Aber damit ist die Überlegenheitstheorie bis zur Bedeutungslosigkeit dehnbar geworden.

Die Entlastungstheorie des Humors wirft ähnliche Probleme auf, wenn man sie auf alles Vorhandene anwenden will. Sie funktioniert gut bei Witzen, die Freud «tendenziöse» Witze nennt – die schmutzigen, gemeinen, blasphemischen. Solche Witze drücken ziemlich offensichtlich verbotene Impulse sexueller oder aggressiver Natur aus. Die Entlastungstheorie funktioniert weniger gut bei Witzen, die auf schierem Nonsens basieren. Solche «harmlosen» Witze, behauptete Freud, dienen ebenfalls dazu, eine Hemmung zu überwinden: die Hemmung des Erwachsenen gegenüber dem Spiel. Indem sie uns für einen Augenblick von den Fesseln der Logik und dem Druck der Realität befreien, versetzen sie uns zurück in die euphorische Stimmung unserer Kindheit, «in welcher wir unsere psychische Arbeit überhaupt mit geringem Aufwand zu bestreiten pflegten» und «den Humor nicht brauchten, um uns im Leben glücklich zu fühlen». Aber selbst «harmlose» Witze sind nicht ganz und gar harmlos, wie Freud festhielt, da «der ehrgeizige Drang, seinen Geist zu zeigen … ein der Exhibition auf sexuellem Gebiet gleichzusetzender Trieb» sei.

Der Lustgewinn durch einen tendenziösen Witz rührt Freud zufolge von der Befriedigung eines entweder libidinösen oder feindseligen Triebs her, der normalerweise unterdrückt ist, während der Lustgewinn durch einen harmlosen Witz aus der Freude an der Kunst des Witzemachens selbst besteht («Streng genommen wissen wir nicht, worüber wir lachen»). Wegen dieser unterschiedlichen Quellen des Lustgewinns dachte Freud, dass tendenziöse Witze mehr Gelächter auslösten als die harmlosen. Aber stimmt das wirklich? In den neunziger Jahren veröffentlichte der *Esquire* eine Liste der «fünfundsiebzig lustigsten Witze aller Zeiten» (laut ihren Redakteuren und deren Beratern, zu denen Dick Cavett, Al Franken und David Brenner gehörten). Der Witz, der als Nummer 1 rangiert (und Garry Shandling zugeschrieben wird), geht so: *Ich ging zu meinem Arzt und erzählte ihm: «Mein Penis brennt.» Darauf sagte er: «Das bedeutet, dass jemand über ihn spricht.»* Das ist ziemlich derb, aber kaum tendenziös im Freud'schen Sinne, da die Form des Witzes gar nicht erst den Versuch macht, den inneren Zensor zu umgarnen; das verbotene Material ist schon in der Exposition präsent. (Vergleichen Sie damit mal den Witz, den mir eine engelhaft wirkende Zwölfjährige an einer katholischen Mädchenschule erzählte, an der ich einmal unterrichtet

Garry Shandling (ca. 1990).

Dieser heute vergessene amerikanische Komiker erfand einen Witz, der von einer Expertenrunde als der witzigste aller Zeiten bezeichnet wurde. Er handelt von seinem Penis.

habe: «Mr. Holt, was ist besser als Rosen auf dem Klavier? Tulpen auf dem Ständer.») Der vielleicht komischste Witz unter den Top 10 des *Esquire* (genau genommen die Nummer 8) ist, wie sich herausstellt, die Harmlosigkeit schlechthin: *Ein Skelett kommt in eine Bar und sagt: «Geben Sie mir ein Bier und einen Mopp.»*

Freuds Theorie hat noch einen anderen empirischen Nachteil. Wenn der Lustgewinn, den wir aus Witzen ziehen, aus der Freisetzung psychischer Energie resultiert, die dazu aufgewendet werden muss, aggressive und sexuelle Impulse zu hemmen, folgt daraus logisch, dass die Menschen, die am meisten über hämische Witze lachen, diejenigen sein müssten, die ihre aggressiven Neigungen am tiefsten verbergen. Der gleichen Logik zufolge müssten Menschen, die am lautesten über schlüpfrige Witze lachen, diejenigen sein, die am stärksten sexuell unterdrückt sind. Aber in der Realität scheint das Gegenteil der Fall zu sein. Forschungen des verstorbenen britischen Psychologen Hans Eysenck legen nahe, dass die Menschen, die sich am meisten über derartige Witze amüsieren, im Allgemeinen die sind, die *am wenigsten* gehemmt sind, ihre Neigungen offen zu zeigen. Auf der anderen Seite kann die Freud'sche Theorie vielleicht helfen, die unterschiedlichen nationalen Eigenheiten bei unanständigen Witzen zu verstehen: die legendäre Popularität analer Witze bei den Holländern und Deutschen, die Homosexuellen-Witze bei den Engländern, die oral-genitalen bei den Amerikanern und die Witze über die Hahnreischaft und die liebenswürdigeren Aspekte der Verführung bei den Franzosen – die angeblich die am wenigstens Unterdrückten sind. (Französische Kinder scheinen aus nur ihnen bekannten, dunklen Gründen eine besondere Freude an Witzen über eine phantastische Kreatur namens *zizi tordu* – den «krummen Penis» – zu hegen).

Von den drei Theorien des Humors ist es heutzutage die Inkongruenz-Theorie, die von den Philosophen am ernstesten genommen wird. Aber auch sie lädt zu Widerspruch ein. Warum sollte Inkongruenz eine Quelle des Amüsements sein? Sollte das Asymmetrische, Unordentliche und Absurde bei rationalen Wesen wie uns nicht eher Verwirrung und Angst statt Erheiterung auslösen? Alexander Bain, ein Philosoph des neunzehnten Jahrhunderts, stellt fest:

> Es gibt viele Inkongruenzen, die ganz gewiss kein Lachen hervorrufen. Ein gebrechlicher Mann, der unter einer schweren Last gebeugt ist, fünf Brot-

> laibe und zwei Fische, die für eine ganze Menschenmenge reichen sollen, und alles Unpassende und völlig Unproportionierte; ein verstimmtes Instrument, ein Haar in der Suppe, Schnee im Mai, Archimedes, der sich während einer Belagerung mit einem geometrischen Problem beschäftigt, und alles Misstönende und Disharmonische, ein Wolf im Schafspelz, Vertragsbruch und ganz allgemein jegliche Falschheit, die Masse, die das Gesetz in die eigene Hand nimmt, und alles, was von dieser Art Unordnung ist; eine Leiche bei einem Festmahl, elterliche Grausamkeit und kindliche Undankbarkeit und alles Unnatürliche, der ganze Katalog der Eitelkeiten, wie ihn uns Salomon überliefert hat – all das sind Inkongruenzen, aber sie lösen Gefühle des Schmerzes, der Wut, Trauer und Verachtung aus und keineswegs Heiterkeit.

(Bain war ein verdrießlicher viktorianischer Schotte, der wenig Verständnis für die schwärzeren Aspekte des Humors besaß, aber man versteht schon, worauf er hinauswill.) Einige Formen der Inkongruenz besitzen überdies ästhetischen Wert, ohne auch nur im Ansatz komisch zu sein: zum Beispiel die Ironie in *König Ödipus* oder die Dissonanzen in Mozarts Streichquartett in C-Dur.

Selbst wenn nicht alle Inkongruenzen komisch

sind, scheint beinahe alles, was komisch ist, eine Inkongruenz der einen oder anderen Art zu enthalten. Für Kant bestand die Inkongruenz in einem Witz zwischen dem «Etwas» der Exposition und der Antiklimax des «Nichts» der Pointe; das Lachen resultiert aus der «plötzlichen Verwandlung einer gespannten Erwartung in nichts.» (In der *Kritik der Urteilskraft* unterstreicht Kant diese These mit einer Anekdote: «Wenn jemand erzählt: dass als ein Indianer an der Tafel eines Engländers in Surate eine Bouteille mit Ale öffnen und alles dieses Bier, in Schaum verwandelt, herausdringen sah und mit vielen Ausrufungen seine große Verwunderung anzeigte, auf die Frage des Engländers: was ist denn hier sich so zu verwundern, antwortete: Ich wundere mich auch nicht darüber, dass es herausgeht, sondern wie ihr es habt herein kriegen können: so lachen wir und es macht uns eine herzliche Lust, nicht weil wir uns etwa klüger finden als diesen Unwissenden, oder sonst über etwas, was uns der Verstand hierin Wohlgefälliges bemerken ließe, sondern unsere Erwartung war gespannt und verschwindet plötzlich in nichts.») Schopenhauer dachte, dass jeder Witz im Kern auf einer falschen Schlussfolgerung beruht. Aber manche Witze entziehen sich dieser Art von logischem Schluss. (Lily Tomlin: «Als ich jung noch war, wollte ich immer

Immanuel Kant (1724–1804).

Der bedeutende deutsche Philosoph war der Pionier der Inkongruenz-Theorie des Humors, aber statt seinen Freunden Witze zu erzählen, zog er es vor, sie über seine körperlichen Beschwerden auf dem Laufenden zu halten, zu denen Kopfschmerzen und chronische Verstopfungen gehörten.

jemand sein. Jetzt wünsche ich mir, dass ich etwas konkreter gewesen wäre.»)

Ist es möglich, Witze zu finden, die keine irgendwie geartete Form der Inkongruenz aufweisen? Earl Butz, Landwirtschaftsminister der USA unter den Präsidenten Richard Nixon und Gerald Ford, musste wegen eines solchen Witzes 1976 von seinem Amt zurücktreten. Bei einer dienstlichen Flugreise hörte jemand, wie Butz sagte, dass «das Einzige, was Farbige im Leben interessiert, eine enge Muschi, bequeme Schuhe und ein warmer Ort zum Scheißen sind». (Als diese Geschichte bekannt wurde, druckte die *Washington Post* das Zitat wörtlich ab, während die *New York Times* die prüde Paraphrase wählte, nämlich: «befriedigender Sex, bequeme Schuhe und ein warmer Ort für die Ausübung der Körperfunktionen».)

Was bei dem Witz von Butz so verblüfft, neben seiner Abscheulichkeit, ist der gänzliche Mangel an Kunstfertigkeit: Er wartet mit keinerlei phantasievollen Wendungen auf, keinen unerwarteten Begriffsverknüpfungen, er listet einfach nur auf plumpe Weise rassistische Stereotypen auf. (Als intendierter Witz ist er nur noch daran zu erkennen, dass er die Dreier-Regel befolgt.) Eine vergleichbare Form

Earl Butz (1909–2008).

Amerikanischer Landwirtschaftsminister unter den Präsidenten Nixon und Ford, trat 1976, wegen eines rassistischen Witzes über Schwarze in Ungnade geraten, zurück. Früher schon, bei einer Konferenz der Welternährungsorganisation in Rom 1974, machte sich Butz über den Widerstand des Papstes gegen Geburtenkontrolle lustig, indem er mit einem italienischen Pseudo-Akzent spottete: «Were nichte spielen mit, dere nichte machen Regeln.»

der Kunstlosigkeit kann man den Auschwitz-Witzen attestieren, die im Nachkriegsdeutschland zirkulierten. In diesen Witzen beruht die Pointe auf eine zwanghafte und monotone Weise auf der Vorstellung, dass Juden in den Verbrennungsöfen der Vernichtungslager zu Asche werden. Die Kulturanthropologen Alan Dundes, Thomas Hauschild und Uli Linke haben ein Verzeichnis von Auschwitz-Witzen samt Analyse in dem Band *Western Folklore* (1983) veröffentlicht. Ein typisches Beispiel von einem Gewährsmann aus Mainz von 1982: *Wie viele Juden passen in einen Volkswagen? 506, sechs auf die Sitze und 500 in die Aschenbecher.* Wie die jüdische Komikerin Sarah Silverman einmal sagte: «Der Holocaust ist nicht *immer* lustig.»

Die Überlegenheitstheorie, noch durch Freuds Hypothese erweitert, dass Witze ein Ventil für aggressive Tendenzen bieten, passt gut zu einem plumpen rassistischen Scherz wie dem von Butz. Altmodische derbe Witze lassen sich gut mit Freuds Theorie erklären: Die unterdrückten Impulse, die in diesem Fall von dem Witz aufgegriffen werden, sind sexueller Natur. Der Wild'esche *Jeu d'Esprit* scheint pure Inkongruenz zu sein. Und die überwältigende Mehrheit von Witzen verwendet Elemente aller drei Theorien in unterschiedlichen Proportionen. Daraus resultieren die besonderen ethischen Probleme, mit denen uns Witze konfrontieren: Witze zu erzählen, die eine besonders aggressive Haltung der Überlegenheit vermitteln – Witze über das angeblich Animalische schwarzer Männer, über die angebliche Käuflichkeit der Juden, die angebliche Flatterhaftigkeit der Frauen oder sogar die angebliche Humorlosigkeit von Lesben (*Wie viele Lesben braucht es, um eine Glühbirne einzuschrauben? Das ist nicht witzig!*) –, empfinden wir als unethisch, besonders wenn die Zielscheibe dieser Witze ein gefährdeter oder unterdrückter Teil der Gesellschaft ist. (Meta-Witz: *Wie fängt ein Witz von einem Weißen über Schwarze immer an? Mit einem Blick über die Schulter.*) Manchen dieser Witze gelingt es, gleich zwei diskriminierte Gruppen auf einmal zu verunglimpfen, so wie dieser, der in 1970 in Belgien registriert wurde: *Warum haben die Amerikaner die Neger und die Belgier die Flamen? Weil die Amerikaner das Recht der ersten Wahl hatten.*

Blasphemische Witze und eine bestimmte Art von Zoten werden ebenfalls aus moralischen Gründen von vielen Menschen missbilligt, die sonst einen sehr guten Sinn für Humor haben. Unter den religiös am meisten kompromittierten Witzen finden sich jene, die sich mit dem Vorwurf des Gottesmords befassen, der historisch wegen der Kreuzigung gegen die Juden vorgebracht wurde. «Ja, wir haben Christus getötet, die Juden haben ihn getötet», sagte Lenny Bruce. «Und wenn er noch mal wiederkommt, töten wir ihn eben noch mal!» Oder, in einer späteren Variante, die dem jüdischen Intellektuellen Leon Wieseltier zugeschrieben wird: «Was soll denn die ganze Aufregung? Wir haben ihn doch bloß für ein paar Tage getötet.» Die Mitglieder der Episkopalkirche nehmen möglicherweise Anstoß an Witzen, die die Weihe homosexueller Prälaten durch ihre Kirche verspotten: *Warum sind Episkopalisten so schlechte Schachspieler? Weil sie nie nach der Dame, sondern immer nur nach den Türmen greifen.* Atheistenwitze neigen merkwürdigerweise dazu, eher die Frommen zu attackieren als ihr namentliches Objekt, ein Beispiel: *Warum sollten uns die Atheisten leidtun? Weil sie niemanden haben, mit dem sie reden können, während sie sich einen blasen lassen.*

Dann gibt es die Witze über Frauen. Der folgende, der mir mit großer Begeisterung von einer Engländerin erzählt worden ist, kommt den meisten Menschen ausgesprochen misogyn vor: *Warum verwenden Frauen Parfüm und Make-up? Weil sie stinken und hässlich sind.*

Einige der abstoßendsten Witze über Frauen tauchen in den gewaltigen Untiefen des elektronischen Geschwätzes auf, das Tag für Tag an der Wall Street unter gelangweilten Brokern aufkommt. Immerwährende Themen des Wall-Street-Witzes (wie ich den Zehntausenden von Beispielen, die Broker mir haben zukommen lassen, entnehmen kann) sind die Beliebtheit des Golfspiels und die Unbeliebtheit der Ehe. Eines der eher harmlosen Beispiele (was außerdem das quantitative Ethos der Wall Street zum Ausdruck bringt) ist die «Büro-Arithmetik»:

Kluger Mann + kluge Frau = Romanze.
Kluger Mann + dumme Frau = Affäre.
Dummer Mann + kluge Frau = Heirat.
Dummer Mann + dumme Frau = Schwangerschaft.

Eher anstößige Wall-Street-Witze betreffen bestimmte männliche Privilegien beim Sex. *Was ist der Unterschied zwischen einer Muschi und einer Bowling-Kugel? Na ja, wenn es unbedingt sein muss, kannst du eine Bowling-Kugel auch essen.* Oder: *Ein Typ in einer Bar geht zu einer Frau, deren Aussehen ihm gefällt, und sagt: «Hey, Baby, willst du ficken?» Sie sagt: «Bei dir oder bei mir?» Er sagt: «Wenn das jetzt auch noch kompliziert wird, dann vergiss es!»*

Können Witze gefährlich sein? Hitler war dieser Meinung; diejenigen, die Witze über das Regime machten, wurden vor

«Witzgerichte» gestellt, und ein Berliner Kabarettist wurde hingerichtet, weil er sein Pferd Adolf genannt hatte. Auch die Puritaner waren berüchtigte Feinde des Witzes, den sie verabscheuten, ein Vorurteil, das man bis zu Paulus zurückverfolgen kann, der die Epheser vor Unzucht und närrischen Reden warnt.

Die Vorstellung, jegliche Scherzhaftigkeit schade der Moral, war zu Anfang der Viktorianischen Ära weit verbreitet. Traditionell wurde Lachen mit Blasphemie assoziiert, mit Hohn auf Außenseiter und Schwache und vor allem mit Obszönität. Wie Kulturanthropologen dokumentiert haben, handelt die überwältigende Mehrheit von Witzen, die mündlich verbreitet werden, von Sex. Solche «unanständigen Witze» dienten, so dachte man, der Verführung von Unschuldigen zu schändlichem Sex. Besonders Frauen waren angeblich zu gut, um darüber zu lachen. Nur geringfügig weniger verderblich war das unbarmherzige Gelächter über das Unglück und die Laster von anderen, über Säufer, Krüppel, gehörnte Ehemänner und Ausländer. Es war die Pflicht des anständigen und mildtätigen Mannes, sich Scherzen auf Kosten solcher Zielscheiben zu enthalten. Dieses Gefühl war keineswegs auf den Typus des englischen Musterknaben beschränkt. In seinem Essay «Vom Wesen des Lachens» entlarvt Baudelaire das

Lachen als etwas, das «der Vorstellung der eigenen Überlegenheit entspringt. Eine satanische Idee, wenn es je eine gab!»

Um die Mitte des neunzehnten Jahrhunderts kann man allerdings einen Wandel in dieser Einstellung beobachten. Die Lust am Witz – die ursprünglich mit Gefühlen der Überlegenheit, Aggressionen und sexuellem Verlangen erklärt worden war – begann so etwas wie eine intellektuelle Aura anzunehmen. Theoretiker des Komischen wie Coleridge, Leigh Hunt und Sidney Smith sahen in der Folge von Kant und Schopenhauer im Wesen des Scherzhaften eine Lust am geistreichen Paradox am Werk. Das Wort «wit» (Verstand, Scharfsinnigkeit, Witz, Esprit) selbst erfuhr dabei eine semantische Bedeutungsverschiebung: Bezog es sich ursprünglich auf den Verstand im Allgemeinen, so bedeutete es nun die Fähigkeit, Verbindungen zwischen Vorstellungen und Ideen wahrzunehmen, und schließlich die Schnelligkeit, die Art von unvereinbaren Ähnlichkeiten zu erkennen, die entzückte Überraschung hervorruft. Witzemachen wurde nicht mehr als etwas ganz und gar Anrüchiges angesehen, und die Empfänglichkeit für Witze, zumindest für die trockenere, intellektuellere Sorte, wurde zu einem gesellschaftlichen Vorteil. Leslie Stephen schrieb im *Cornhill Magazine* 1876, «dass in den letzten Jahren die Mode aufgekommen ist, den Sinn für Humor als eine der Kardinaltugenden zu betrachten». Einige wenige Jahrzehnte später stellte Max Beerbohm fest, dass man eher zugeben würde, dass einem Sinn für Schönheit fehle als der für Humor.

Der Grund dafür, warum es so schwierig ist, dem Wesen des Witzes auf die Schliche zu kommen, liegt vielleicht darin, dass er nicht stillhält. Der Witz ist keine unveränderliche platonische Idee, sondern eine historische Form, die sich im Lauf der Zeit herausbildet. Aus Schlüpfrigkeit und Aggression entstanden, strebt der scherzhafte Impuls nach der feinsinnigen Wahrnehmung purer Inkongruenz. (Außer vielleicht im Friars Club, wo dieser Dialog, der jüngst mitgehört wurde, immer noch die Norm ist: Shtarker # 1: «Fand dich klasse in den *Vagina-Monologen.*» Shtarker # 2: «Deine Frau auch!»)

Denken Sie an die Entwicklung des Kalauers. Die ältesten Kalauer (Jesus: «Du bist *Petrus,* und auf diesen *Felsen* will ich meine Kirche bauen») waren offensichtlich gar nicht als Scherze gedacht. Die Wortspiele Shakespeares sind zum Schmunzeln, aber ausnahmslos derb, selbst wenn sie nicht von Clowns gemacht werden:

Hamlet: *«Lady, soll ich in Ihrem Schoße liegen?»*
Ophelia: *«Nein, Mylord.»*
Hamlet: *«Ich meine, den Kopf auf Ihrem Schoß.»*
Ophelia: *«Ja, Mylord.»*
Hamlet: *«Denkt Ihr, ich meinte Fiktives [Ficktives]?»*

Die Kalauer in einem Stück von Tom Stoppard sind im Kontrast dazu auf eine verspielte Weise klangorientiert und daher unverwechselbar modern (wenn zum Beispiel eine Figur in *Travesties,* die vom Kontrast zwischen Lenins bescheidenem Geburtsort und seiner anschließenden Karriere spricht, sagt: «Wer hätte gedacht, dass aus der Spiegelgasse Nummer 14 der Spiegelsaal im Kreml werden würde?»).

Auf welches exklusive *Telos* zielt denn dieser evolutionäre Prozess? Na, auf den jüdischen Witz natürlich – oder, um es genauer zu sagen, auf den talmudischen Witz. Die dauerhaften Themen des jüdischen Humors sind nämlich nicht Sex und Überlegenheit, sondern Logik und Sprache. Nehmen Sie zum Beispiel dieses etwas lahme Exemplar, das Freud zitiert (und allzu lang und breit erklärt!): *Zwei Juden treffen in der Nähe des Badehauses zusammen. «Hast du genommen ein Bad?», fragt der eine. «Wieso?», fragt der andere dagegen, «fehlt eins?»*

Ein besseres Beispiel stammt von dem Komiker

Myron Cohen: *Eine jüdische Großmutter schaut zu, wie ihr Enkelsohn am Strand spielt, als plötzlich eine große Welle kommt und das Kind fort ins Meer spült. Da fleht sie: «Bitte, Gott, rette meinen einzigen Enkel! Bring ihn wieder zurück.» Und eine große Welle kommt und schwemmt den Jungen wieder gesund und munter an den Strand. Da sieht sie zum Himmel auf und sagt: «Und wo ist seine Mütze?»*

Und dann betrachten Sie einmal dieses Beispiel für eine abstraktere Ebene, das, wie man weiß, schon professionelle Philosophen in den Bann geschlagen hat:

«Warum sollte man ‹Eretz› mit einem Gimel schreiben?»
«Mit einem Gimel? Tut man nicht.»
«Warum sollte man ‹Eretz› nicht mit einem Gimel schreiben?»
«Warum sollte *man ‹Eretz› denn mit einem Gimel schreiben?»*
«Aber das frage ich dich doch gerade – warum sollte man ‹Eretz› mit einem Gimel schreiben?»

(*Eretz* ist das hebräische Wort für Land. *Gimel* ist der dritte Buchstabe des hebräischen Alphabets. *Eretz* wird nicht mit einem Gimel geschrieben.)

Der jüdische Humor setzt wirre Logik als eine

Form des Umgangs mit dem ein, was sich unserem Verständnis entzieht. Es ist einem anderen Genre des Witzes von größter Exklusivität verwandt – dem philosophischen Witz. Die besten philosophischen Witze werden in der Regel über Probleme gemacht, die sich als besonders unbegreiflich erwiesen haben. Nehmen Sie die Frage, die Martin Heidegger als die tiefste und dunkelste der ganzen Philosophie bezeichnet hat: «Warum ist überhaupt Seiendes und nicht vielmehr Nichts?» Als ich diese Frage vor ein paar Jahren dem bedeutenden Philosophen Arthur Danto von der Columbia University stellte, antwortete er schroff: «Wer *sagt* denn, dass da nicht Nichts ist?» Ein anderer Philosoph an der Columbia University (und bekannt dafür, auf den Bürgersteigen am Upper Broadway den Leuten beim Kartenspiel ungebeten Ratschläge zu erteilen, ein sogenannter Kibbitzer), der verstorbene Sidney Morgenbesser, hatte sogar noch eine bessere Antwort parat, als ein Student ihm die gleiche Frage stellte: «Selbst wenn da bloß Nichts wäre, wären Sie immer noch unzufrieden!»

Ludwig Wittgenstein hat einmal gesagt, dass er sich «ein ernsthaftes und gutes philosophisches Werk vorstellen könne, das nur

Ludwig Wittgenstein (1889–1951).

Der größte Philosoph des zwanzigsten Jahrhunderts dachte, dass man ein ernsthaftes und gutes philosophisches Werk schreiben könne, das nur aus Witzen bestehe.

aus Witzen bestehe». Diese Bemerkung ist umso seltsamer, als sie von einem gequälten Asketen stammt, dessen eigener Sinn für Humor ziemlich dürftig war. (Ein typischer Wittgenstein-Gag bestand darin, auf einem Brief, den er einwerfen wollte, bei dem «W. C. 1» in einer Londoner Adresse einen Pfeil hinzumalen und dazu zu schreiben: «Dies bedeutet aber nicht ‹Toilette›.») Bertrand Russell benutzte Späße mit größter Virtuosität, um Fragen der formalen Logik zu illustrieren. Nehmen Sie das Prinzip des Logikers, dass sich aus einem Widerspruch jeder mögliche Satz ableiten ließe (was bedeutet, dass in keinem System einander ausschließende Sätze wahr sein können). Russell versuchte einmal, dies bei einer öffentlichen Vorlesung zu erläutern, als ihn ein Zwischenrufer unterbrach:

> «Also beweisen Sie mir, dass Sie, wenn zwei und zwei fünf ist, der Papst sind», sagte der Zwischenrufer.
> «Bitte sehr», antwortete Russell. «Nehmen wir einen falschen Satz, zwei und zwei ist fünf, und einen wahren, zwei und zwei ist vier. Die setzen wir gleich. Da zwei und zwei gleich zwei und zwei ist, sind fünf gleich vier. Wir subtrahieren 3 auf jeder Seite und erhalten zwei gleich eins. Der Papst und ich sind zwei, also sind wir eins.»

Bertrand Russell (1872–1970).

«Zwei plus zwei sind fünf, also bin ich der Papst.»

Zu rein intellektuellen Zwecken möchte ich noch hinzufügen, dass der verheerendste Witz wohl das sogenannte «spontane Gegenbeispiel» ist. Er beginnt mit einem behäbigen Gemeinplatz, der nolens volens zur Exposition wird. Dann kommt die Pointe, die den Gemeinplatz erschlägt, so wie David den Goliath. Hier ein Beispiel von Ronald Knox (1888–1957), dem großen englischen Priester, Bibelübersetzer und Witzbold. Eines Tages wurde Knox von einem notorisch pedantischen Oxfordprofessor gelangweilt:

> «Es gibt nur ein aspiriertes *s* im Englischen», erklärte der Professor, «in dem Wort *sugar.*»
> Knox: «*Sure?*»

Ein weiteres großartiges spontanes Gegenbeispiel tauchte im Zusammenhang mit James Burnham auf, dem politischen Theoretiker, dessen Buch von 1941 *The Managerial Revolution (Das Regime der Manager,* 1951*)* die Inspirationsquelle für George Orwells *1984* war. Als alter Mann suchte Burnham die Büroräume von William Buckleys Zeitschrift *National Review* heim, wo er für seine Spruchweisheiten verehrt wurde, die man «Burnhams Laws» nannte. Ein gerade eingestellter Redakteur, frisch aus Yale, wurde dem großen Mann vorgestellt, der gravitätisch eines seiner bombastischen «Laws» verkündete, etwas über den angeblich gesunden Menschenverstand:

«Jeder weiß alles.»
Sagte der Neue: «Oh, das wusste ich nicht!»

Das großartigste aller spontanen Gegenbeispiele – und ziemlich wahrscheinlich der beste philosophische Witz aller Zeiten – verdanken wir dem dafür berühmten Sidney Morgenbesser. Vor ein paar Jahrzehnten hielt der Oxford-Philosoph J. L. Austin ein Referat vor zahlreichen philosophischen Kollegen in New York. Im Laufe seines Vortrages über Sprachphilosophie wandte sich Austin der fortwährend interessanten Frage der doppelten Verneinung zu.

«In einigen Sprachen», bemerkte Austin in seiner knappen Oxford-Diktion, «ergibt die doppelte Verneinung eine Bejahung. In anderen Sprachen ergibt die doppelte Verneinung eine noch emphatischere Verneinung. Doch merkwürdigerweise kenne ich keine Sprache, weder eine natürliche noch eine künstliche, in der eine doppelte Bejahung eine Verneinung ergibt.»

Plötzlich kam von hinten aus dem Saal, im typischen Brooklyn-Akzent, der Kommentar: «Ja, ja.»

Manche Leute meinen, Morgenbessers «Ja, ja»

Sidney Morgenbesser (1921–2004).

Dieser New Yorker Philosoph, der für seinen verstörenden Witz bewundert wurde, war als «Kibbitzer des Upper Broadway» und «Sokrates des Bürgersteigs» bekannt.

sei die komischste spontane Äußerung in der Geschichte der englischen Sprache. Das ist eine kühne Behauptung. Die komischste spontane Äußerung auf Englisch, wann immer und wo immer sie gemacht worden ist, ist vermutlich gar nicht aufgezeichnet worden und jetzt im Äther verloren. Selbst unter den aufgezeichneten Äußerungen ist die von Morgenbesser nicht unbedingt die komischste. Wenn ich den Lorbeerkranz vergeben dürfte, würde er an Oscar Wilde für eine Antwort gehen, die er dem inzwischen vergessenen, unbedeutenden Dichter Sir Lewis Morris gegenüber gemacht hatte. Es waren die 1890er, kurz nach dem Tod von Alfred, Lord Tennyson, und Morris beklagte sich Wilde gegenüber, dass seine Ansprüche auf Tennysons Nachfolge als offizieller Hofdichter ignoriert wurden:

> «Es herrscht ein regelrechtes Schweigekomplott über mich», sagte Morris, «ein Schweigekomplott! Was soll ich tun, Oscar?»
> Wilde: «Mach mit.»

Man kann sich die Woge homerischen Gelächters vorstellen, die als Reaktion auf Morgenbessers «Ja, ja» durch den Konferenzsaal rollte, genauso wie das eisige Schweigen, das auf Wildes «Mach mit» folgte. Was die schiere Körperlichkeit anbelangt, so ist wohl die herrlichste Darstellung dessen, was man «höheres Gelächter» nennen könnte, Boswells Beschreibung von Samuel Johnson, als dieser sich ausgerechnet über eine absurde Klausel im Testament eines Freundes (über das wir unglücklicherweise sonst gar nichts wissen) amüsiert: «Daraufhin brach er in ein solch herzhaftes Gelächter aus, dass er beinahe einen Krampfanfall erlitt; um sich abzustützen, hielt er sich an einem der Pfähle neben dem Trottoir fest und lachte derart schallend, dass seine Stimme in der Stille der Nacht von Temple Bar bis Fleet Ditch zu hallen schien.»

Was hat es mit bestimmten intellektuellen Freuden auf sich, dass sie solch einen heftigen Lachkrampf auslösen können? Marvin Minsky, einer der Väter der künstlichen Intelligenz, antwortete darauf mit darwinistischen Argumenten. Der Humor habe uns dabei geholfen, Irrtümer in unseren Gedankengängen auszumachen, behauptet Minsky. Wenn unsere Logik auf Irrwege gerate, diene unser physisches Gelächter dazu, diesen Gedankengang zu unterbrechen und unsere Aufmerksamkeit auf den Fehlschluss zu lenken. In Minskys Hypothese klingt Nietzsches Kanonisierung des Lachens als Heilmittel gegen die Verirrungen der reinen Vernunft an. Aber andere Naturwissenschaftler, wie etwa der englische Hirnforscher John McCrone, argumentieren, dass wir nicht lachen, wenn wir einen Irrtum oder eine Inkongruenz entdecken, sondern wenn wir sehen, wie diese auf clevere Art behoben werden. Wenn die gesuchte Lösung einrastet, erleben wir einen emotionalen Schauder verzückter Erkenntnis, der sich in Gelächter ergießt. *(Warum ist es so schwer, den Komponisten der Symphonie mit dem Paukenschlag zu finden? Weil er schwer angeschlagen ist!)* Dieser Ansicht nach rührt das Vergnügen über einen cleveren Witz lediglich aus dem Spaß an einer kreativen Entdeckung – was, gegen jede Logik, nahelegt, dass am schallendsten gelacht werden würde, wenn ein monumentales Rätsel wie der Große Fermatsche Satz gelöst wird. Und jüngste Forschungen des Psychologen Peter Derks zeigen zu unserer Verblüffung, dass das, was Leute dazu bringt, am lautesten zu lachen, nicht die Pfiffigkeit eines Witzes ist, sondern die Schnelligkeit, mit der sie die Pointe verstanden haben.

N*ehmen Sie zum Beispiel meine Frau … bitte!* Es ist heilsam für den angehenden Theoretiker des Humors, zu diesem lakonischsten Witz aller Zeiten – der natürlich von

Henny Youngman stammt – zurückzukehren, wenn ihm das Wasser bis zum Halse steht. Der Trick von Youngmans Scherz könnte gar nicht schlichter sein: Unsere Erwartung angesichts der Ellipse wird durch den Wechsel von der in diesem Kontext offensichtlichen Interpretation von *nehmen* («Ziehen Sie meine Frau in Betracht ...») zu einer alternativen Interpretation («Nehmen Sie sie bloß mit!») zum Entgleisen gebracht. Ich erläutere das nur deshalb so ausführlich, weil ich eine Beobachtung von Max Eastman unterstreichen möchte, nämlich:

> «Die korrekte Erklärung eines Witzes klingt nicht nur nicht komisch, sondern sie klingt auch nicht wie eine korrekte Erklärung. Sie beruht auf der Vorstellung, dass wir völlig humorlos seien und ängstlich und minuziös darauf bedacht, das fragliche Problem genau zu erkennen, und in der Einsicht, dass unter solch merkwürdigen und uninteressanten Umständen genau da eine unangenehme Empfindung auftreten *müsste,* wo wir in unserer heiteren Empfänglichkeit ein Gefühl der Komik erleben. Das ist wirklich nicht komisch, und außer was die reine Freude am Verstehen anbelangt, macht es auch keinen Spaß.»

Was Spaß *macht,* ist die Art, wie die Inkongruenz der Pointe einer notwendigen Tyrannei eine Niederlage bereitet: der Tyrannei bürgerlicher Moral in einigen Witzen, der der Vernunft selbst in anderen. Wir können diese Niederlage bejubeln, weil sie kurz und folgenlos ist, und unser reflexartiges Lachen, ein evolutionäres Merkmal spöttischer Aggression, zeigt uns immerhin das.

Der Spaß an den ausgedachten Absurditäten von Witzen ist ein intellektuelles Vergnügen, das Vergnügen, dort Verbindungen oder Widersprüche zu entdecken, wo man mit keinerlei rechnen konnte. Obwohl dieses Vergnügen sich in dem zuletzt entwickelten Teil des menschlichen Hirns abspielt – der Großhirnrinde –, reicht es in die primitiveren Schaltkreise hinein, die wir mit unseren affenartigen Cousins teilen. Hirnschäden können dazu führen, dass man seinen Sinn für Humor verliert, genauso wie sie die Fähigkeit, Metaphern zu verstehen und kreative Verbindungen herzustellen, beeinträchtigen können. Gehirnscans zeigen, dass die linke Hirnhälfte die Bedeutung eines Witzes ermittelt, während die emotionalere rechte den Witz «kapiert». Bei Experimenten hat sich gezeigt, dass Patienten mit Schäden in dieser Hälfte große Schwierigkeiten haben, humorvolle von neutralen Aussagen zu unterscheiden (ein «humorvolles»

Beispiel, das die Forscher einsetzten, war folgendes Hinweisschild in einem Hotel in Tokio: GÄSTE SIND EINGELADEN, SICH DER ZIMMERMÄDCHEN ZU BEDIENEN).

Eine beunruhigendere Entdeckung über den Zusammenhang von Humor und Gehirn wurde nur durch Zufall gemacht. 1998 suchte ein Ärzteteam an der UCLA nach den Ursachen für die epileptischen Anfälle eines Teenagers. Die Ärzte versuchten eine elektronische Messsonde an verschiedenen Stellen des linken Frontallappens des Mädchens anzubringen. Als die Sonde eine winzige Stelle im «supplementär-motorischen Areal» berührte, beobachteten Sie etwas recht Unerwartetes: Das Mädchen lachte. Die Ärzte drehten die Stromzufuhr ein wenig hoch und berührten die Stelle erneut. Das Mädchen lachte noch heftiger, länger und lauter.

War das ein rein körperlicher Reflex? Anscheinend nicht. Das Mädchen behauptete, überall in dem sterilen Laborraum etwas Komisches zu entdecken. «Ihr seid ja so komisch, wie ihr da rumsteht», sagte sie zu den Ärzten. Sie reizten die Stelle erneut, während sie ihr das Bild eines Pferdes zeigten. Sie lachte und sagte: «Das Pferd ist wirklich komisch!»

Ungewollt schienen die Forscher an der UCLA die Behauptung eines gewissen «Dr. Schwanzlebens» untermauert zu haben, die dieser in seinem

Werk *Humor After Death* aufgestellt hat, nämlich Lachen könne «ebenso durch Elektrizität induziert werden wie durch einen sogenannten Witz».**

Aber ihre Entdeckung ist natürlich ungünstig für die Philosophen des Humors. Wenn absolut alles mit lachhafter Inkongruenz ausgestattet werden kann – und auf diese Weise, ja, zu einem *Witz* wird –, vorausgesetzt, man reizt eine bestimmte Stelle im Gehirn mit etwas Strom, wie soll aus dem Humor dann eine ästhetische Kategorie werden, die der philosophischen Analyse würdig ist? (Baudelaire stellte fest, dass derselbe Effekt auch durch Haschisch erzielt werden kann, aber was soll's.)

Die *New York Times*, die dabei ungewohnte Scherzhaftigkeit an den Tag legte, nannte die Entdeckung der UCLA eine «Granate, die die Humorindustrie vernichten könnte». Könnte die Entdeckung des *L-Spots* das Witzemachen obsolet werden lassen? Das ist zu bezweifeln. Witze werden immer machtvolle Waffen in den Händen geschickter Politiker oder Polemiker sein. Nehmen Sie den Witz,

** *Dr. Schwanzleben – welch ein seltsamer Name –, dessen Identität im Übrigen undurchsichtig bleibt, taucht in einer Fußnote von Robert Benchleys Analyse des Humors auf:* Why We Laugh – Or Do We? *Benchleys eigene Ansicht lautet, dass «alles Lachen bloß ein kompensatorischer Reflex anstelle des Niesens ist».*

den Ronald Reagan machte, um Fragen zum Thema Abtreibung zu umgehen: «Ich stelle fest, dass alle, die für Abtreibung sind, bereits geboren wurden.» Reagans Bemerkung ist auf den ersten Blick inkongruent, weil sie auf triviale Weise wahr ist: *Alle* sind geboren worden. Damit sie einen Sinn ergibt – was der Verstand reflexartig produziert –, muss man zu der Annahme übergehen, dass es zwei Arten von Menschen gibt: die Geborenen und die Ungeborenen – was genau der Art und Weise entspricht, wie die Gegner der Abtreibung dieses Thema behandelt sehen wollen. «Der Spaßmacher manipuliert diese mentale Maschinerie, um das Publikum dazu zu bringen, eine bestimmte Aussage zu treffen – nämlich jene, welche die Inkongruenz auflöst –, auch wenn das gegen den eigenen Willen geschieht», stellt der Vertreter der Evolutionären Psychologie Steven Pinker fest. Das Publikum neigt eher dazu, die Aussage, die die Inkongruenz auflöst, anzunehmen, weil sie sich wie ein Schluss anfühlt, den es selbst gezogen hat.

Witze sind Produkte der menschlichen Erfindungsgabe, die, wenn sie besonders trocken und raffiniert sind, ins Reich der Kunst gehören. Und doch verabscheuen viele Menschen

Sie ist das röchelnde *ch* im Wörtchen *Lachen.*

Sarah Silverman, Komikerin am Anfang des 21. Jahrhunderts und frühere Meisterin des skatologischen Humors.

sie – selbst Menschen, die mit einem reichen Sinn für Humor ausgestattet sind. Vielleicht hat das etwas mit ihrer Quelle zu tun. Freud behauptete, dass die kräftigsten Witzarbeiter die Neurotiker sind, weil sie am meisten von starken Impulsen aus dem Unbewussten geplagt werden. Wir sind alle schon von Amateurkomikern gequält worden, die ihren Drang, uns mit ihren Witzen zu erfreuen, nicht beherrschen können. Manche sind sogar damit gequält worden, dass man sie gezwungen hat, Witze zu erzählen. Evelyn Waugh, der überzeugt war, sein Sohn James habe keinerlei Sinn für Humor, zwang das arme Kind, ihm als eine Art heilerzieherische Gegenmaßnahme jeden Tag einen neuen Witz zu erzählen. «Aus lauter Verzweiflung», erzählt Selina Hastings in ihrer Waugh-Biographie, «kaufte James ein Buch mit tausendundein amerikanischen Scherzen und stammelte sich beim Mittagessen durch die Tagesration an Witzen, während sein Vater mit versteinerter Miene dasaß und sich weigerte zu lachen.»

In einem Gedicht schleudert Richard Wilbur eine wohlverdiente Breitseite «Einem Komiker» entgegen:

Du stehst auf der Bühne und verkündest der Menge
Schlafzimmerwitze – damit sie nichts verdränge

garnierst deine Reden mit *Titten* und *Scheiße*
damit sich die Leute nicht alles verbeißen
Es zahlt sich aus hier den Clown zu machen
Denn du bist das *ch, ch* im Wörtchen Lachen

Ich hoffe, das habe ich nicht getan.

BIBLIOGRAPHIE

Cohen, Ted, *Jokes. Philosophical Thoughts on Joking Matters,* Chicago: University of Chicago Press, 1999.

Marcel Gutwirth, *Laughing Matter. An Essay on the Comic.* New York: Cornell University Press, 1993.

Martin, Robert Bernhard, *The Triumph of Wit. A Study of Victorian Comic Theory.* Oxford: Oxford University Press, 1974.

Morreal, John, *Taking Laughter Seriously*. Albany: State University of New York Press, 1983.

Oring, Elliott, *The Jokes of Sigmund Freud. A Study in Human and Jewish Identity.* New York: Jason Aronson, 1997.

Paulos, John Allen, *I Think, Therefore I Laugh.* New York: Columbia University Press, 2000.

Provine, Robert R., *Laughter. A Scientific Investigation.* New York: Viking, 2000.

QUELLENANGABEN

Mr. John Aubreys, Esq., Lebens=Entwürfe, Deutsch von Wolfgang Schlüter, in: Die Andere Bibliothek, hg. von Hans Magnus Enzensberger, Frankfurt/Main 1994, S. 370.

Charles Baudelaire, Vom Wesen des Lachens und allgemein von dem Komischen in der Bildenden Kunst, in: Sämtliche Werke/Briefe in acht Bänden, hg. von Friedhelm Kemp und Claude Pichois in Zusammenarbeit mit Wolfgang Drost, Band I: Juvenilia – Kunstkritik, 1832–1846, Darmstadt 1977, S. 290.

Die Facezien des Florentiners Poggio, nach der Übersetzung von Hanns Floerke, mit Holzschnitten von Werner Klemke, Leipzig 2004.

Sigmund Freud, Der Witz und seine Beziehung zum Unbewußten (1905), in: Studienausgabe, hg. von Alexander Mitscherlich, Angela Richards, James Strachey, Band IV: Psychologische Schriften, S. 9 f. (Holt zitiert anfangs wörtlich Theodor Lipps, Komik und Humor [1898] bei Freud, Studienausgabe IV), Frankfurt/Main 1970, S. 17.

Ders., Charakter und Analerotik (1908), in: Studienausgabe, a. a. O., Band VII, Zwang, Paranoia und Perversion, S. 23 ff.

Immanuel Kant, Kritik der Urteilskraft, Mit einer Einleitung und Bibliographie herausgegeben von Heiner F. Klemme. Mit Sachanmerkungen von Piero Giordanetti. Hamburg 2009, dort: Zweites Buch, § 54, Anmerkung.

Gershon Legman, Der unanständige Witz. Theorie und Praxis, Erste Serie. Aus dem Amerikanischen von Paul Baudisch. Mit einem Vorwort von Prof. Dr. Hans Giese, Hamburg 1970.

Hierokles/Philagrios, Philogelos, Der Lachfreund, griechisch-deutsch mit Einleitungen und Kommentar, herausgegeben von Andreas Thierfelder, München 1968.

William Shakespeare, Sämtliche Werke, Erste Abteilung Dramatische Werke, Band 1: Komödien, Viel Lärm um Nichts, übersetzt von August Wilhelm von Schlegel und Ludwig Tieck, Darmstadt 1987.

Ders., Die tragische Geschichte von Hamlet, Prinz von Dänemark. Aus dem Englischen übersetzt von Maik Hamburger und Adolf Dresen. Nachwort von Ulrike Draesner. Stuttgart 2013.

Baruch de Spinoza, Die Ethik nach geometrischer Methode dargestellt, Übersetzung von Otto Baensch, in: Sämtliche Werke in sieben Bänden, in Verbindung mit Otto Baensch und Arthur Buchenau herausgegeben und mit Einleitungen, Anmerkungen und Registern versehen von Carl Gebhardt, Hamburg 1976.

Lexikon der philosophischen Werke, hg. von Franco Volpi und Julian Nida-Rümelin, Stuttgart 1988.

BILDNACHWEIS

S. 6: Raphael, *Aristoteles und Plato.* Ausschnitt aus *Die Schule von Athen.* Fresko, 1510. Stanza della Segnatura des Vatikan. Getty Images

S. 21: Antonio Canova, *Palamedes.* Marmorstatue, um 1900. Villa Carlotta, Tremezzo. © Alinari Archives/The Image Works

S. 22: *Philipp der Große von Makedonien.* Elfenbein, 4. Jahrhundert v. Chr. Archäologisches Museum Saloniki. The Art Archive/Gianni Dagli Orti

S. 26: *Achilles und Chiron der Zentaur.* Schwarzfiguriger Lekythos, 5. Jahrhundert v. Chr. Archäologisches Museum Palermo. The Art Archive/Gianni Dagli Orti

S. 29: *Poggio Bracciolini.* Aus: Alfred Gudeman, Imagines philologorum. 160 Bildnisse aus der Zeit von der Renaissance bis zur Gegenwart, Leipzig/Berlin 1911

S. 35: James Thurber, *Cartoon eines Ehepaars im Bett.* Copyright © 1961 by Rosemary A. Thurber. Reprinted by arrangement with Rosemary A. Thurber and The Barbara Hogenson Agency. All rights reserved.

S. 37: *Beatrice und Benedikt* in William Shakespeares «Viel Lärm um nichts». Holzstich der Gebr. Daziel nach einer Zeichnung von John Gilbert aus: The Library Shakespeare, London 1856 ff. akg-images

S. 39: *Joe Miller.* Mit freundlicher Genehmigung der Schmulowitz Collection of Wit & Humor, San Francisco Public Library

S. 43: *Gershon Legman.* Foto: Judith Legman

S. 50: *Nat Schmulowitz.* Mit freundlicher Genehmigung der Schmulowitz Collection of Wit & Humor, San Francisco Public Library

S. 53: *Madame LaPuchin.* Mit freundlicher Genehmigung der Schmulowitz Collection of Wit & Humor, San Francisco Public Library

S. 57: *Alan Dundes.* Foto: Carolyn Dundes

S. 63: *Königin Elisabeth I.* Anonymes Gemälde, 17. Jahrhundert. Primary Collection © 2015. National Portrait Gallery, London/Scala, Florenz

S. 68: *Lachender Mann.* Carte de visite, um 1875. © NMPFT/Kodak Collection/SSPL/The Image Works

S. 74: *Sir Isaac Newton.* Karikatur von Gary Brown. akg-images/Science Photo Library

S. 75: *(oben) Baruch de Spinoza.* Karikatur von Gary Brown. akg-images/Science Photo Library

S. 75: *(unten) Josef W. Stalin.* Karikatur, um 1935. ullstein bild/NMSI/Science Museum/Daily Herald Archive/NMeM

S. 78: *Sigmund Freud.* Foto um 1910. Getty Images

S. 90: *New Yorker Taxifahrer.* © Chris Collins/Corbis

S. 94: *Die Freiheitsstatue auf Liberty Island im Hafen von New York,* 1886 eingeweiht. Library of Congress, Prints and Photographs Division

S. 97: *Gary Shandling.* Getty Images

S. 102: *Immanuel Kant.* © Lebrecht Music & Arts/The Image Works

S. 104: *Earl Butz.* © picture alliance/AP Images

S. 115: *Ludwig Wittgenstein.* Foto von 1930. Getty Images

S. 117: *Bertrand Russell.* Foto von 1962. Getty Images

S. 120: *Sidney Morgenbesser.* Foto: Joann Haimson

S. 129: *Sarah Silverman.* Foto von 2007. Getty Images

ÜBER DEN AUTOR

Jim Holt ist Autor und Essayist. Eigentlich kam er aus seinem Heimatstaat Virginia nach New York, um an der Columbia University Philosophie zu studieren und das Studio 54 unsicher zu machen.

Irgendwann glitt er dann in den Journalismus ab und schreibt seitdem über Philosophie, Mathematik und Naturwissenschaften, hauptsächlich für die *New York Times Book Review*, die *New York Review of Books* und *The New Yorker*. 2014 erschien im Rowohlt Verlag sein Bestseller *Gibt es Alles oder Nichts? Eine philosophische Detektivgeschichte.*

JIM HOLT
GIBT ES ALLES ODER NICHTS?
Eine philosophische Detektivgeschichte

«Ich kann mir kaum eine unterhaltsamere Weise zu denken vorstellen, als dieses Buch zu lesen.»
(New York Times Book Review)

IN DIESEM BUCH STEHT ALLES, WAS KEINER WEISS.
Es ist die schwierigste und zugleich faszinierendste Frage aller Zeiten: Warum gibt es unser Universum? Weshalb ist es entstanden? Wieso existieren Materie und Bewusstsein, Raum und Zeit? Lässt sich überhaupt eine Antwort finden – oder ist unsere Realität nur der Traum eines verrückten Philosophen?
Jim Holt hat sich auf die Suche nach einer Lösung gemacht. Wie ein Detektiv geht er Spuren nach, spekuliert, kombiniert, experimentiert und sucht wichtige Zeugen auf: Physiker, Theologen, Philosophen und nicht zuletzt John Updike. Am Ende seiner spannenden Erkundung steht die Frage nach unserem eigenen Platz im Universum, nach unserer Existenz und unserer Endlichkeit.

«Ein Buch, das pro Seite drei bis zehn Pointen enthält, bei dessen Lektüre man sich aber auch manche Träne aus dem Augenwinkel wischt.» (Die Welt)

400 Seiten, gebunden, ISBN 978 3 498 02813 8

MIX
Papier aus verantwortungsvollen Quellen
FSC® C083411

Das für dieses Buch verwendete FSC®-zertifizierte Papier *Schleipen Werkdruck* liefert Cordier, Deutschland.